द्वारका
का
सूर्यास्त

द्वारका का सूर्यास्त

दिनकर जोशी

अनुवाद

डॉ. प्रज्ञा शुक्ल

ग्रंथ अकादमी, नई दिल्ली

प्रकाशक : **ग्रंथ अकादमी**
भवन संख्या–19, पहली मंजिल, 2, अंसारी रोड, दरियागंज, नई दिल्ली–110002
सर्वाधिकार : सुरक्षित / संस्करण : 2024 / मूल्य : दो सौ पचास रुपए
मुद्रक : नरुला प्रिंटर्स, दिल्ली ISBN 978-81-932965-5-6

DWARKA KA SURYASTA *novel* by Shri Dinkar Joshi ₹250.00
Published by **GRANTH AKADEMI**
Building No. 19, First Floor, 2, Ansari Road, Daryaganj, New Delhi-110002

सबसे पहले

श्रीकृष्ण के जीवन के विषय में विपुल मात्रा में—और कहीं-कहीं तो विरोधाभासी कहा जाए, ऐसा—आलेखन महाभारत, श्रीमद्भागवत, हरिवंशपुराण, विष्णुपुराण आदि पौराणिक ग्रंथों और उन ग्रंथों में प्राप्त जानकारी को आधार मानकर लिखे गए परवर्ती साहित्य में किया गया है। इनके अंतर्गत मूल स्रोत में, जिसका कोई उल्लेख भी न हो, ऐसे कथानकों का समावेश भी परवर्ती सृजनों में उनके रचनाकारों ने समय-समय पर किया है। ऐसे कथानकों के कभी अर्थ-घटन या फिर मूल जानकारी की पूर्ति के रूप में उचित मनवाने के तर्क भी प्रस्तुत होते रहे हैं।

महाभारत युद्ध के छत्तीस वर्षों के बाद यदुवंश का निर्मूलन हुआ, इस तथ्य को सभी ग्रंथों ने स्वीकार किया है। इन छत्तीस वर्षों में श्रीकृष्ण द्वारका में रहे और इस बीच उन्होंने कोई विशेष कार्य या प्रवृत्ति की हो, ऐसा नहीं जान पड़ता। इस दीर्घकाल में उन्होंने द्वारका के बाहर हस्तिनापुर या अन्यत्र कहीं भी यात्रा तक नहीं की, प्रिय सखा अर्जुन या अन्य किसी से मिलने भी नहीं गए। सुदीर्घ आयु के शेष वर्षों में एक पारिवारिक बुजुर्ग जिस प्रकार निवृत्तिकाल, कुछ मात्रा में निर्वेदभाव से व्यतीत करे, ऐसा ही जीवन उनका रहा होगा, ऐसा लगता है।

इन छत्तीस वर्षों की अवधि की जो भी जानकारी प्राप्त हुई, उसे कथा रूप में आलेखन करने की यह कोशिश है। शास्त्रोक्त कथानकों को जब विशुद्ध साहित्य-स्वरूप में प्रस्तुत किया जाता है तब उसके कला-स्वरूप के लिए कम-से-कम जितनी कल्पनाएँ—मूल कथानक के सातत्य का जतन करते हुए—अनिवार्य हों उतनी करनी ही पड़ती हैं, इतनी बात सहृदय भावक के पक्ष में कह दूँ।

१०२-ए, पार्क एवेन्यू, दहाणुफरवाडी,

—दिनकर जोशी

एम.जी. रोड, कांदिवली (प.), मुंबई-४०००६७

द्वारका का सूर्यास्त

: एक :

कृष्णपक्ष की अष्टमी का चाँद क्षितिज की मर्यादा का उल्लंघन करके खुले आसमान से झाँकने लगा, तब स्वाति नक्षत्र मध्याकाश में से सागर पर ऐसे झुका हुआ था जैसे मृगशीर्ष का व्याध देख रहा हो। विशाल आकाशगंगा द्वारका के दुर्ग पर से प्रतिबिंबित होनेवाले धुँधले उजाले को देख रही थी। आकाशगंगा के तारे नैमिषारण्य के किसी ज्ञानसत्र में बैठकर वेदाध्ययन कर रहे महर्षियों जैसे देदीप्यमान् लग रहे थे। द्वारका के दुर्ग को एक ओर से घेरकर टकरानेवाली सागर की तरंगें हाँफती हुई जैसे कुछ पलों के लिए शांत हो गई थीं।

कुशस्थली, द्वारामती या द्वारका के नाम से समग्र आर्यावर्त्त में प्रसिद्ध इस नगरी के चारों द्वारों पर तैनात प्रहरियों ने परस्पर संकेतों का आदान-प्रदान किया। रात्रि का चौथा प्रहर आरंभ होने में अभी कुछ समय शेष था।

कृष्णप्रासाद के शयनकक्ष में सोए हुए कृष्ण की आँखें अचानक खुल गईं। खुले गवाक्ष में से कृष्ण ने अतलांत आकाश की ओर देखा। असीम आकाश की कोई सीमा जैसे क्षितिज में दृश्यमान हुई हो वैसे कृष्ण ने दृष्टि वापस खींच ली। चंदनकाष्ठ के पलंग पर लेटे हुए कृष्ण ने धीरे से करवट बदलकर बाईं ओर सो रही पत्नी रुक्मिणी देवी की ओर देखा। रुक्मिणी देवी शायद गहरी नींद में थीं। मीठी नींद टूट न जाए, इस आशंका से कृष्ण ने सचेत होकर हौले से पाँव नीचे रखे। पादुका के पास चरण थम गए। पादुका के स्वर से रुक्मिणी जाग न जाए, इस सोच से कृष्ण ने पादुका नहीं पहनी। उत्तरीय कंधे पर व्यवस्थित करके एक क्षण के लिए दाहिने पद तल की ओर देखा। हाथ जरा सा फैलाकर कृष्ण ने अपने ही पद तल को सहलाया। उनके चेहरे पर विषादपूर्ण स्मित विलस उठा। उन्होंने फिर से आकाश

की ओर देखा। चेहरा पलटकर सो रही रुक्मिणी की ओर देखा। प्रासाद में देर सायं को प्रज्वलित मशालों की रोशनी अब मंद पड़ने लगी थी। मंद प्रकाश में कृष्ण अपनी प्रलंबित परछाईं को क्षण भर देखते रहे और फिर धीरे से शयनकक्ष के गवाक्ष के पास आए। गवाक्ष के पास खड़े रहकर उन्होंने निद्राधीन द्वारका की पूर्व दिशा में देखा। पूर्व दिशा में फैला हुआ रैवतक पर्वत अपने उत्तुंग शिखरों से द्वारका को पूर्व दिशा की ओर से अभेद्य बना रहा था। कृष्ण को याद आया कि राजा रेवत की यह नगरी कितनी सुरक्षित थी और फिर भी आज क्यों अरक्षित लग रही थी, यह स्वयं कृष्ण के लिए समस्या थी।

कृष्ण ने निद्राधीन द्वारका को एक दृष्टि देखा। बारह योजन में विस्तृत इस नगरी में कृष्णप्रासाद के दाहिनी ओर लाल मणियों से सुशोभित महारानी रुक्मिणी का महल एवं बाईं ओर श्वेत रंग के संगमरमर का (दूध से धुला हो, ऐसा) रानी सत्यभामा का प्रासाद था। थोड़ी दूरी पर माता देवकी और पिता वसुदेव का निवास-स्थान 'केतुमान' स्थित था। दीर्घकाल से जीर्ण अवस्था को प्राप्त माता-पिता अब 'केतुमान' प्रासाद में अपनी आयु के अंतिम चरण की साँस ले रहे थे। कृष्णप्रासाद के दक्षिण में स्थित 'विरज' नामक प्रासाद स्वयं श्रीकृष्ण का उपस्थानगृह था। विश्वकर्मा ने इस 'विरज' महालय की रचना इस प्रकार की थी कि उसमें रजोगुण एवं तमोगुण प्रवेश नहीं कर सकते थे। इन सभी प्रासादों पर जड़ित स्वर्ण एवं रत्न धुँधले चंद्र-प्रकाश में जैसे मंद पड़ गए थे।

कृष्ण ने द्वारका पर विहंगम दृष्टि डाली। दक्षिण दिशा में 'लतावेष्ट' नामक पर्वत के चरणों में लबालब भरा हुआ सरोवर कृष्णप्रासाद से दृष्टिगोचर हो रहा था। मानसरोवर में से स्वयं नारद द्वारा लाए गए ब्रह्मकमल को सत्यभामा ने इस सरोवर में प्रस्थापित किया था। समयांतर में यह सरोवर असंख्य कमलों से विभूषित हो गया था। उत्तर में स्थित 'वेणुमंत' पर्वत के आस-पास चारों ओर फैले चैत्रकवन की ओर कृष्ण देखने लगे। स्वयं कृष्ण ने देवराज इंद्र से प्राप्त किए हुए पारिजात (हरसिंगार) के पौधे का इस चैत्रकवन में रोपण किया था। उस एक पौधे ने आज संपूर्ण वन का रूप ले लिया था। विभिन्न दिशाओं में स्थित नंदनवन, मिश्रकवन एवं विभ्राजवन अति सुंदर लग रहे थे। कृष्ण ने क्षण भर के लिए नयन मूँद लिये। तत्पश्चात् फिर एक बार अपने चरणों को निहारा। फिर एक बार उनका चेहरा विषादपूर्ण स्मित से विलस उठा। यह स्मित विलसते ही अदृश्य हो गया। उन्होंने आकाश की ओर देखा। राहु एवं केतु दोनों तारे स्वाति का अतिक्रमण करके निकट आ गए थे। कृष्ण ने अपलक नेत्रों से राहु एवं केतु के बीच के अंतर को नापने का

एक प्रयास किया।

पीठ पीछे कुछ संचार के आभास से कृष्ण ने चेहरा फेरकर पीछे देखा। रुक्मिणी देवी पति के बहुत निकट खड़ी थीं। कृष्ण ने महसूस किया जैसे रुक्मिणी देवी कब से वहाँ खड़ी हैं।

''जाग गईं, देवि?'' कृष्ण ने पूछा, ''ब्राह्म मुहूर्त के चौघड़िए बजने में अभी तो समय है।''

''जिस सत्य को आप जानते हैं वह सत्य मेरे लिए भी समस्या बन गया है, स्वामी।'' रुक्मिणी देवी कृष्ण के चरणों के पास जरा सा झुककर बोलीं, ''आपकी नींद इतनी जल्दी कैसे खुल गई?''

कृष्ण ने थोड़ा सा मुसकराकर धीरे से कहा, ''देवि, मैं तो जाग ही गया था, किंतु आपकी निद्रा भंग न हो, इसलिए चुपचाप शय्या त्यागकर यहाँ खड़ा था। पर आप क्यों जाग गईं?''

''आपकी त्यक्त शय्या की साँस से भारी हवा को हृदय में घोंटते हुए मेरी नींद चली गई। जिस शय्या को स्वामी बीच में ही त्याग दें उस शय्या पर मँडराने वाली हवा भारी बन ही जाती है। वह भार मुझे कैसे सोने दे!'' रुक्मिणी ने कहा।

कृष्ण अनुत्तरित रहे।

''यह क्या, वासुदेव?'' कृष्ण के नंगे पाँवों की ओर दृष्टि जाते ही रुक्मिणी ने कहा, ''शय्या के साथ पादुका का भी त्याग?''

कृष्ण ने अपने नंगे पाँवों की ओर एक बार फिर देखा। इस बार उनके चेहरे पर स्मित की एक रेखा खिंच गई।

''समझ गई।'' रुक्मिणी देवी ने पति के नंगे पाँवों का रहस्य जानकर कहा, ''पादुका का स्वर शायद मेरी निद्रा भंग कर देगा, ऐसी आशंका आपके मन में उठी होगी। किंतु स्वामी, क्या आपकी अनुपस्थिति ही पर्याप्त नहीं है?''

''आप मेरे अंत:करण को पहचानती हैं, देवि।''

''और फिर भी सतत मुझे यह अनुभूति होती है कि मैं आपके अंत:करण से अलग ही हूँ।''

''यही तो मानव जीवन की विषमता है, कहीं कोई निकट लगे, न लगे और विशाल अंतर अनुभव होने लगे।''

''भगवन्, ब्राह्म मुहूर्त की इस वेला में मैं आपके साथ वाद-विवाद कैसे कर सकती हूँ!'' रुक्मिणी ने अपने लंबोतरे नेत्र कृष्ण के चेहरे पर स्थिर किए।

ब्राह्म मुहूर्त की शीतल हवा से कृष्ण का उत्तरीय उड़ने लगा।

''किंतु आप इतनी मध्य रात्रि में जाग्रत् क्यों हो गए, यह तो आपने बताया ही नहीं, स्वामी!''

एक पल देखते रहने के बाद कृष्ण ने हौले से कहा, ''एक दुःस्वप्न ने मेरी निद्रा भंग कर दी।''

''दुःस्वप्न!'' रुक्मिणी आश्चर्यचकित हो गईं, ''दुःस्वप्न आपको कैसे सता सकते हैं, प्रभु? आप तो स्वप्न-सृष्टि से भी परे हैं। फिर यह दुःस्वप्न आपके निद्रा-प्रदेश में कैसे प्रवेश कर सकता है?''

''शायद वह दुःस्वप्न न भी हो।'' कृष्ण ने कहा, ''किंतु यदि वह स्वप्न न हो तो सत्य के रूप में उसको स्वीकार करना अधिक विकट समस्या उत्पन्न करने की संभावना है।''

''ऐसा क्या घटित हो गया, प्रभु?'' रुक्मिणी ने चिंतित स्वर में पूछा।

''मैंने गहरी नींद में ऐसा अनुभव किया जैसे कोई मूषक मेरे दाहिने पद तल को दंश दे रहा हो—और उसके इस दंश की वेदना से मेरी नींद उचट गई।'' कृष्ण ने थोड़ी गंभीरता से कहा।

''यह आप क्या कह रहे हैं, नाथ?'' रुक्मिणी देवी लगभग चीत्कार ही कर उठीं, ''मूषक जैसा क्षुद्र जंतु आपके शरीर को दंश दे, ऐसी कल्पना भी कैसे की जा सकती है?''

''यही प्रश्न मेरे मन में मँडरा रहा है।'' कृष्ण ने कहा, ''किसी वीर पुरुष का शस्त्राघात भी शायद ऐसा दंश पैदा नहीं करता; और यदि यह स्वप्न न हो तो कृष्णप्रासाद में मूषक का सशरीर होना और स्वयं कृष्ण को दंश देना तो अधिक समस्यामूलक है।''

''नहीं।'' रुक्मिणी देवी एक उद्गार के साथ कृष्ण के चरणों के पास बैठ गईं। कृष्ण के पाँव पर हाथ फेरकर उन्होंने तीक्ष्ण निरीक्षण किया, ''नहीं, ऐसे किसी दंश का चिह्न यहाँ नहीं है। अठारह अक्षौहिणी सेना के बीच जिन्हें खरोंच तक नहीं आई और कंस, चाणूर, कुवलयापीड आदि के साथ संघर्ष में भी जिनकी देह अक्षुण्ण रही थी, उस देह को मूषक जैसा क्षुद्र जंतु दंश दे, यह बात स्वयं श्रीकृष्ण के स्वप्न में भी कैसे संभव हो सकती है?''

रात के चौथे प्रहर के आरंभ होने के चौघड़िए का स्वर दुर्ग के कँगूरे पर से फैलने लगा। चैत्रकवन में बसनेवाले तापसों द्वारा अपने-अपने आश्रम में प्रज्वलित की हुई यज्ञवेदी की धूम-पंक्तियाँ आकाश में थोड़ी सी ऊपर चढ़ गईं। इन धूम-पंक्तियों की सुगंध हवा की शीतलता में मिल गई। कृष्ण ने पूर्व दिशा की ओर

देखा। पूर्व दिशा की रक्तिम आभा के आस-पास एक अपरिचित वृत्त आकार ले रहा था। सूर्योदय से पूर्व ही ब्राह्म मुहूर्त में इस अज्ञात पदार्थ को देखकर कृष्ण एक पल को सोच में पड़ गए।

''देवि! पूर्व दिशा में सूर्य की आभा के साथ ही प्रकटित इस वृत्त को आपने देखा?'' कृष्ण ने पूछा।

''मैं उस वृत्त की परिभाषा नहीं समझ सकती।'' रुक्मिणी ने कहा, ''मैं तो सूर्योदय को निहार रही हूँ।''

कृष्ण मौन रहे। उनके चित्त में एक विचार-संक्रमण चल रहा था।

''आप कोई रहस्य स्पष्ट करना चाहते हैं, स्वामी! चूहे का दंश एवं पूर्व दिशा की आभा में आकारित वृत्त के बीच क्या कोई संबंध है?''

''उसी संबंध को तो मैं खोज रहा हूँ।'' कृष्ण ने कहा, ''उस दिशा में देखिए—राहु और केतु तो शापित ग्रह हैं और फिर भी जैसे उस शाप की अवमानना करते हुए स्वाति नक्षत्र की मार्ग-रेखा का उल्लंघन करके ये दोनों तारे परस्पर निकट आ गए हैं।''

रुक्मिणी देवी ने आकाश की ओर देखा। पूर्व दिशा में अब लालिमा प्रस्फुटित होने लगी थी।

''यह ब्रह्मांड दर्शन मैं कैसे समझूँ, स्वामी? आपका अंत:करण और यह ब्रह्मांड दोनों की व्याप्ति मेरे लिए तो एक समान ही विशाल एवं अतलांत रहे हैं। मुझे तो आपके चित्त को ही समझना है।''

ठीक उसी समय प्रासाद में से पुरोहित ने ब्राह्म मुहूर्त की स्तुति-वंदना के शब्दों का उच्चारण किया। एक मधुर सुरावली से समग्र वातावरण आप्लावित हो गया। अपने-अपने प्रासादों के शयनकक्ष में सोए हुए सबके लिए यह सुरावली एक सूचना थी कि अब शय्या का त्याग कर देना चाहिए और ब्राह्म मुहूर्त के नैमित्तिक धर्म कार्यों का आरंभ होना चाहिए। कृष्ण ने अपने पाँव थोड़े उठाए। यह बातचीत का पल समाप्त होने का संकेत था। रुक्मिणी देवी समझ गईं कि उनके प्रश्न तत्क्षण के लिए अनुत्तरित ही रहनेवाले हैं। यह उनके लिए स्वाभाविक था। उन्हें याद आया कि कृष्ण ने उनके अनेकानेक प्रश्नों का सहज रूप से निराकरण कर दिया था; परंतु उसके साथ ही मन में यह प्रश्न भी उपस्थित हुआ कि दीर्घकाल के सहवास के पश्चात् भी कृष्ण ने उनके मन को निरंतर घेरनेवाले कितने सारे प्रश्न हमेशा अनुत्तरित भी रखे हैं। एक पल में एकदम सरल लगनेवाले कृष्ण दूसरे ही पल में कितने अगम्य लगते हैं, यह रहस्य रुक्मिणी देवी आज तक समझ नहीं सकी थीं।

कृष्ण के चरण-स्पर्श करके वे शयनकक्ष से बाहर चली गईं।

कृष्ण ने सहज भाव से प्रात:कर्म संपन्न किए। द्वारका की रचना करते समय यादव सभा के लिए विशेष रूप से निर्मित किए गए दाशार्ही सभाखंड में नित्य के नियमानुसार कृष्ण जब पहुँचे तब वृष्णि वंशियों की यह सभा बहुत कम भरी हुई थी। दाशार्हीं सभाखंड की रचना स्वयं विश्वकर्मा ने शुक्राचार्य नीति के अनुसार की थी। शत्रुता का कोई छल या रहस्य यहाँ उपस्थित रहनेवाले के चेहरे पर अनायास ही अभिव्यक्त हो जाए, ऐसी विशिष्ट निर्माण-पद्धति का प्रयोग किया गया था। चेहरे की भाषा बूझने का रहस्य केवल कृष्ण, बलराम या एक-दो वरिष्ठ यादव ही जानते थे। बलराम कभी-कभार ही सभा में आते थे। कुरुक्षेत्र के महायुद्ध के पश्चात् तो बलराम राजतंत्र की पूर्णत: अवहेलना करते थे और प्रासाद, मधुशाला एवं उद्यानों में ही समय बिताते थे। अक्रूर या वसुदेव जैसे वरिष्ठ यादव भी कभी-कभी ही सभा में आते थे। राजा उग्रसेन कभी औपचारिकतावश ही सभाखंड में उपस्थित होते थे। इस बात से कृष्ण भी अनभिज्ञ नहीं थे। सभाखंड अधिकतर अनिरुद्ध, प्रद्युम्न, सांब, कृतवर्मा, सात्यकि या अन्य यादवों से ही भरा हुआ दृष्टिगत होता।

कुरुक्षेत्र के युद्ध-पूर्व की परिस्थिति अलग थी। तब यादवों की यह राजसभा खचाखच भर जाती थी। स्वर्ण, रजत या काष्ठ के सिंहासनों पर वरिष्ठ यादव आरूढ़ होते। तत्पश्चात् भूमि पर बिछी हुई मखमली या रेशमी गद्दियों पर अन्य कनिष्ठ यादव आसन ग्रहण करते। किंतु आज इस दाशार्ही सभाखंड में प्रवेश करके कृष्ण ने देखा—वरिष्ठ यादवों के सिंहासन आधे से भी अधिक रिक्त थे और भूमि पर बिछी गद्दियों पर बैठे हुए यादवों की संख्या भी छितराई हुई थी। एक प्रहर पहले का अनुभव उन्हें याद आया। मूषक दंश एवं पूर्व की आभा में प्रकटित अज्ञात वृत्त, स्वाति नक्षत्र का अतिक्रमण करके परस्पर निकट आ रहे राहु और केतु जैसे शापित तारे···।

एक बार पुन: कृष्ण के होंठों पर एक रहस्यमय स्मित प्रकट हुआ।

: दो :

यादव सभा से जब कृष्ण वापस लौटे तब सूर्य मध्याकाश में पहुँचने की तैयारी कर रहा था। प्रात:काल से नित्यकर्मों में रत द्वारका मध्याह्न के आकाश के नीचे थोड़ी साँस लेने के लिए थम गई हो, वैसे उसकी प्रवृत्ति मंद हो गई थी। अश्वपाल अपने अश्वों को अपने-अपने अस्तबल में ले जा रहे थे। प्रात:काल से

शस्त्रास्त्र धारण करके जो यादवकुमार निकटस्थ पर्वतीय या अरण्य प्रदेश में घूम रहे थे, वे भी वापस लौट आए थे। प्रासादों के प्रांगण में प्रभात से प्रज्वलित यज्ञवेदी की भस्म मध्याह्न अर्घ्य की प्रतीक्षा में वायु में इधर-उधर उड़ रही थी। किसी वेदशाला के अध्ययन-केंद्र में से उठा हुआ स्वर अब केवल प्रतिघोष बनकर द्वारका के आकाश में चक्कर काट रहा था।

कृष्णप्रासाद के अपने कक्ष में जब कृष्ण वापस लौटे तब रुक्मिणी देवी उनकी प्रतीक्षा करते हुए गवाक्ष में खड़ी थीं। कृष्ण के लिए प्रतीक्षारत पत्नी का यह दृश्य स्वाभाविक नहीं था। कृष्ण को प्रातःकाल का संवाद याद आया। यादव सभा में संपूर्ण रूप से भुला दी गई बात पुनः कृष्ण के स्मरणपट पर लौट आई। अचानक ही उन्होंने पाँव के तलवे की ओर देखा। पादुका के बीच चिपके हुए चरण-तल में कोई चिह्न नहीं था, फिर भी कृष्ण ने महसूस किया जैसे कुछ जलन हो रही हो। एक बार पुनः वे अगम्य रूप से मुसकरा पड़े। मूषक के दंश का संकेत जैसे प्रगल्भ महाकाल की कोई पदध्वनि हो वैसे मंद गति से कृष्ण ने अपने पग उठाए।

''प्रतीक्षा कर रही हैं, देवि?'' कृष्ण ने हँसकर पूछा।

''क्या आपसे कुछ भी अज्ञात है!'' रुक्मिणी देवी ने कहा, ''आप तो यादव सभा में अनेक प्रश्नों के बीच प्रातःकाल की बात शायद भूल भी गए होंगे। लेकिन मेरे लिए तो केंद्र कहें तो केंद्र एवं व्याप्ति कहें तो व्याप्ति—केवल एक ही है जिसे आप जानते ही हैं।''

''केंद्र हो या व्याप्ति, समग्र जीवन में वे कभी भी शाश्वत नहीं रह सकते।'' कृष्ण बोले, ''कालावधि में केंद्र स्वतः ही बदल जाते हैं। याद करो देवि, विदर्भ में कौमार्यावस्था में थीं तब जो केंद्र था वह केंद्र आज भी यथातथ्य है?''

''रुक्मिणी तो एक सामान्य स्त्री है, किंतु सुना है कि गोकुल में बसनेवाले एक गोपालक का केंद्र राधा नाम की कोई सखी थी और वह केंद्र आज तक यथातथ्य रहा है।''

''आप ईर्ष्या तो नहीं कर रहीं, देवि?'' कृष्ण ने मुसकराते हुए पूछा।

''नहीं, ऐसा भाव श्रीकृष्ण के लिए संभव हो, वह अवस्था तो कब की बीत चुकी है।'' रुक्मिणी ने कहा और फिर कृष्ण के आसन के पास जाते हुए बोलीं, ''किंतु प्रश्न तो यथातथ्य ही रहता है।''

''प्रत्येक प्रश्न का उत्तर खोजना धर्म-निषिद्ध है।'' कृष्ण ने कहा, ''याद कीजिए, विदुषी गार्गी के प्रश्न एवं महर्षि याज्ञवल्क्य के उत्तर। महर्षि ने गार्गी से सत्य ही कहा था कि अति प्रश्न को लाँघने से मस्तक चूर्ण हो जाता है।''

"सच कहूँ तो मुझे राधा की नहीं, परंतु कभी-कभार माता देवकी से ईर्ष्या होती है।" रुक्मिणी बोलीं।

"आप माता देवकी के मातृत्व से ईर्ष्या करती हैं या उनके समग्र स्त्रीत्व से?" कृष्ण ने पूछा।

"स्त्रीत्व तो मुझे भी पूर्ण प्राप्त हुआ है, भगवन्।" रुक्मिणी ने कहा, "किंतु श्रीकृष्ण जैसे पुत्र को प्राप्त करनेवाली माता देवकी का मातृत्व धन्य है, ऐसा अनुभव किए बिना मैं नहीं रह सकती।"

कृष्ण एक क्षण मौन रहे।

"चुप क्यों हो गए, स्वामी?" रुक्मिणी ने पूछा, "ऐसी सद्भागी माता और ऐसा परमपुत्र आर्यावर्त्त में अनन्य हैं।"

"एक सत्य आज प्रकट करूँ तो चौंकना मत, देवि!" कृष्ण बोले, "देवकी एवं कृष्ण—ये दोनों माता एवं पुत्र ऐसे दुर्भाग्यशाली रहे हैं जिसकी आर्यावर्त्त ने कल्पना ही न की होगी।" कहते हुए कृष्ण ने पुनः एक बार होंठों पर अगम्य स्मित प्रकट किया और उनकी आँखें अतलांत में कहीं गहरे खो गईं।

"यह आप क्या कह रहे हैं, प्रभु? देवों को जो दुर्लभ है, ऐसी माता और ऐसा उनका यह पुत्र, उन्हें आप दुर्भाग्यशाली कहते हैं?"

"एक प्रश्न पूछना चाहता हूँ, देवि!" युगों से गोपनीय कोई रहस्य जैसे खोजते हुए कृष्ण ने कहा, "किसी भी स्त्री के जीवन का सबसे उत्तम पल कौन सा होता है?"

"निश्चय ही मातृत्व!" रुक्मिणी ने कहा, "मातृत्व से उत्तम अन्य पल स्त्री के जीवन में संभव ही नहीं है।"

"और आप यह जानती हैं, देवि!" कृष्ण ने अपनी बात को आगे बढ़ाते हुए कहा, "माता देवकी के जीवन में मातृत्व से अधिक करुण पल दूसरा कोई नहीं था। आठ-आठ संततियों की इस माता ने अपने एक भी नवजात शिशु को हृदय से लगाकर दूध नहीं पिलाया था। संतति का जन्म इस माता के लिए एक भय का संदेश था। नवजात शिशु के मधुर रुदन की ध्वनि अभी तो सुनी न सुनी कि उस शिशु के चीत्कार के साथ माता का आक्रंद मिल जाता था।"

"उस करुण कथा से आर्यावर्त्त में अब कोई अनभिज्ञ नहीं है।" रुक्मिणी ने स्वामी की ओर देखते हुए कहा।

"और माता देवकी की कोख से जब आठवीं संतति ने जन्म लिया, तब भी वह माता अपने उस बालक को अपनी छाती से लगाकर दूध नहीं पिला सकी थी।"

कृष्ण ने रुक्मिणी की बात अनसुनी करके अपनी बात आगे बढ़ाते हुए कहा, ''और प्रत्येक नए जनमे हुए बालक का प्रथम अधिकार अपनी माँ की छाती से लगकर दूध पीने का है। इस अधिकार से विश्व का कोई भी शिशु शायद ही कभी वंचित रहा हो। यह प्राकृतिक नियम केवल कृष्ण के लिए ही अपवाद था। कृष्ण ने अपनी माँ का दूध कभी नहीं पिया, देवि। कृष्ण के जीवन की इस करुणांतिका को आज तक केवल एकाकी कृष्ण ने ही झेला है। आज वह व्यथा आपके समक्ष प्रकट हो गई है। अब आप ही कहिए, माता देवकी एवं पुत्र कृष्ण कितने दुर्भाग्यशाली हैं!''

रुक्मिणी स्तब्ध रह गईं। इस समग्र घटना से वे अनभिज्ञ नहीं थीं, फिर भी इस घटना का ऐसा मर्म तो उनके लिए कल्पनातीत ही था।

उन्हें प्रद्युम्न याद आया। प्रद्युम्न के साथ ही अन्य पुत्र सुचारु, यशोधर इत्यादि भी याद आए। प्रत्येक पुत्र के प्रसव के समय अनुभव की हुई मधुर पीड़ा याद आई और उस पीड़ा के पश्चात् पहली बार शिशु के रुदन के साथ की अनुभूति याद आई। रोते हुए शिशु को तत्क्षण दाई के हाथ से लेकर वे कैसे उत्साह एवं संतोष से उसे छाती से लगा लेती थीं, वह क्षण भी याद आया। इस समय भी जैसे शिशुपुत्र स्तनपान कर रहा हो, ऐसी चप्-चप् की वात्सल्य ध्वनि भी उन्हें स्मरण हुई।

''क्या सोच रही हैं, देवि?'' कृष्ण ने पूछा, ''गोकुल में था तब इस कमी के बारे में कभी सोचा तक नहीं था। माता यशोदा ने जिस प्रकार लालन-पालन किया था, उस समय कोई अन्य भी माँ हो सकती है, ऐसी कल्पना भी नहीं की जा सकती थी। मथुरा में माता देवकी के प्रथम बार दर्शन किए, तब स्तनपान का समय बीत चुका था। और तत्पश्चात् की घटनाओं से कहाँ कोई अनभिज्ञ है!''

''तो फिर इतने वर्षों के बाद जीवन की उत्तरावस्था में यह स्मरण क्यों व्यथित करता है, स्वामी?''

''यह भी एक काल-गर्भित संकेत हो सकता है।'' कृष्ण ने कहा, ''स्मृति-विस्मृति कभी-कभी ऐसे अगम्य रहस्यों का सृजन करती है। इस अगम्य को जो भी अधिक-से-अधिक बूझ सकता है, उसके लिए काल का यह संकेत पथ-प्रदर्शक बन जाता है। जो इसे नहीं बूझ सकता, उसके लिए जीवन हमेशा एक विकट समस्या ही बना रहता है।''

''स्वामी, ऐसा लगता है जैसे आप इस समय मृत्यु की परिभाषा लिख रहे हैं। मैं जन्म के बारे में प्रश्न करती हूँ और आप मृत्यु की परिभाषा में उत्तर दे रहे हैं।''

"आपके लिए कदाचित् जन्म और मृत्यु दोनों भिन्न चरम बिंदु हो सकते हैं। इन दो चरम बिंदुओं के बीच की समयावधि को जीवन कहते हैं।" क्षण के अंतराल के बाद कृष्ण बोले, "किंतु कृष्ण के जन्म के साथ तो मृत्यु भी, प्रकाश एवं अंधकार के समान, उतनी ही स्वाभाविकता के समान एक साथ ही प्रकट हुई थी। इन दो बिंदुओं के बीच कोई समयावधि भी हो सकती है, उसका विचार तो मुझे बहुत देर से आया। मेरे लिए तो जन्म और मृत्यु दोनों का अस्तित्व एक ही था।"

"यह कैसे संभव है, प्रभु?" चकित भाव से रुक्मिणी बोलीं, "मैंने तो सुना है कि बचपन से ही आपने मृत्यु पर विजय प्राप्त कर ली थी। मैंने तो, जिसने शैशवावस्था में ही मृत्यु पर विजय प्राप्त की थी, उसके परम सौभाग्य की बातें ही सुनी हैं।"

"उस सौभाग्य के एक अन्य पक्ष को आपने कभी नहीं जाना।" कृष्ण ने कहा, "नंद-यशोदा के घर पलनेवाले बालकृष्ण को जन्म के तुरंत बाद ही मृत्यु के मुख में धकेलने के लिए कंस ने मथुरा में दिन-रात जाग्रत् प्रहरी नियुक्त किए थे। बालकृष्ण मृत्यु की भयानकता के बीच मथुरा से गोकुल पहुँचा तो सही, किंतु गोकुल में भी जैसे मृत्यु निरंतर उसे खोज रही थी।"

रुक्मिणी देवी पति के इस नवीन रूप को देख रही थीं। उनके चेहरे के भाव प्रतिपल बदल रहे थे। भय, चिंता, जिज्ञासा जैसे विविध भावों ने उनके चेहरे को घेर लिया।

"आप जो बता रहे हैं, वह तो आपका बिलकुल अपरिचित रूप है, स्वामी! हमने तो गोकुल में गोपियों की मटकी से माखन चुराकर खा जानेवाले श्रीकृष्ण का रूप देखा है। यमुना के दूषित जल को कालिय नाग से मुक्त करानेवाले बाल कन्हैया की कथा सुनी है।"

"अभी तो विधाता ने जिसके ललाट पर छठी के लेख भी नहीं लिखे थे, उस बालक को विष-लेपित स्तन का पान कराके मृत्यु के अधीन करने पूतना मौसी आ पहुँची थी। बालक घुटनों के बल चलकर मुश्किल से आँगन में पहुँचा तो शकटासुर उसे ग्रसने के लिए उपस्थित हो गया और तत्पश्चात् बकासुर, धेनुकासुर इत्यादि अनेक असुरों के भय से पले हुए बालक को भाग्यवान् कैसे कहा जाए?" कृष्ण ने चुभता हुआ प्रश्न किया।

रुक्मिणी देवी एक क्षण के लिए सोच में पड़ गईं। दूसरे ही क्षण उन्होंने अत्यंत समभाव से कहा, "आपने उन सबको पराजित करके मृत्यु पर विजय प्राप्त कर ली, यही तो परम सौभाग्य की बात है।"

''मृत्यु पर कभी कोई विजय प्राप्त नहीं कर सकता। हाँ, मृत्यु से भयमुक्त होना संभव है। जो भयमुक्त हो सकता है उसे मृत्यु स्पर्श नहीं कर सकती। जो सदा भयभीत रहता है वह कभी भी मृत्यु से विमुख नहीं हो सकता। कृष्ण का बचपन केवल जननी के दूध से ही वंचित नहीं था, उसका लालन-पालन भी निरंतर मृत्यु की परछाईं में हुआ और इसीलिए कृष्ण के लिए मृत्यु जीवन के सहज कर्म के समान आत्मसात् हो गई। ऐसा मत कहिए कि उसे मृत्यु से मुक्ति मिली है, किंतु यह अवश्य कहिए कि उसे मृत्यु के भय से मुक्ति मिली है। यह निर्भयता ही तो दुर्भाग्य में से प्राप्त सौभाग्य है।''

रुक्मिणी देवी भाव-विह्वल हो गईं। कृष्ण के चरणों के पास बैठकर उन्होंने मस्तक झुका दिया और फिर जैसे आत्मसंवाद करते हुए होंठ फड़फड़ाए, ''दुर्भाग्य के मध्य से सौभाग्य को खींच लेना ही तो श्रीकृष्ण का मानवीय जीवन है, स्वामी! उस मानवीय जीवन का एक अंश उपलब्ध कराके हमें भी निर्भय बनाइए।''

कृष्ण मुसकराए। वायु की एक तरंग ने आकर मस्तक पर स्थित मोरपंख को हिलाया। कृष्ण खड़े हुए। पूर्व दिशा में रैवतक पर्वत की चोटियाँ दृश्यमान हो रही थीं। उन्हें याद आया, गोकुल एवं मथुरा दोनों को त्यागकर पहली बार इस रैवतक पर्वत के पास वे किस प्रकार आए थे। गोकुल छोड़ने की प्रात:वेला याद आई। अक्रूर के साथ जब गोकुल छोड़कर मथुरा आ रहे थे तब समग्र गोकुल मन में एक प्रचंड बोझ बनकर साँस ले रहा था। विष्णुयाग यज्ञ हेतु कृष्ण को गोकुल से मथुरा ले जानेवाले अक्रूर तो मात्र निमित्त थे और इस यज्ञ के अवसर पर कंस द्वारा रचित षड्यंत्र के बारे में सब जानते थे। कृष्ण यदि कंस के इस षड्यंत्र का शिकार बनने के लिए गोकुल से मथुरा न जाते तो समग्र गोकुल कंस के रोष का भागी बन जाता।

कंस के रोष का प्रतिकार करने का सामर्थ्य गोकुल के पास नहीं था और इसीलिए कंस की हीनता एवं क्षुद्रता का सामना करने के बदले गोकुल ने कृष्ण को अक्रूर के सामने धर दिया था। उस क्षण कृष्ण इस समस्या का निर्भयता से सामना कर सके थे। अपने सामर्थ्य पर कुमार कृष्ण को भी पर्याप्त विश्वास था। बड़े भाई बलराम का भी साथ था और गोकुल में इतने वर्षों तक रहने के पश्चात् इतनी सहजता से मृत्यु की संगत का आनंद लिया था कि कंस की सभा में इससे अधिक बड़ा कोई भय हो सकता है, ऐसी चिंता ही नहीं थी। इतने वर्षों में जिस निर्भय मनोवृत्ति की शिक्षा कृष्ण ने प्राप्त की थी, तब उसकी प्रथम परीक्षा थी और उन्होंने जैसे उस चुनौती को स्वीकार कर लिया था।

लेकिन गोकुलवासियों का क्या? यह प्रश्न एक महायुग जितना समय

व्यतीत होने के पश्चात् इस समय कृष्ण के मन में बार-बार उठ रहा था। कृष्ण ने इंद्र के साथ लड़कर, गोवर्धन-विजय कर समग्र गोकुल को एक संदेश दिया था। कालिय नाग को परास्त करके निर्भयता का उत्कृष्ट उदाहरण प्रस्तुत किया था और फिर भी जब संदेशवाहक अक्रूर मथुरा का भय लेकर गोकुल आए, तब इन गोकुलवासियों ने उसका प्रतिकार क्यों नहीं किया? यह प्रश्न तब तो कृष्ण के मन में नहीं उठा था। तत्पश्चात् बरसों तक ऐसा कुछ उन्होंने सोचा तक नहीं था। परंतु इस समय अचानक उनके मन में यह प्रश्न प्रस्फुटित क्यों हुआ होगा?

: तीन :

किंतु गोकुलवासियों को जैसा भय था वैसा कुछ घटित न हुआ। मथुरावासियों की आशंका भी निर्मूल सिद्ध हुई। गोकुलवासियों का भय हो या मथुरावासियों की आशंका, वैसे दोनों एक ही थे—विष्णुयाग यज्ञ के निमित्त कृष्ण को बुलाकर कंस उनकी हत्या कर देगा। सबकी जान के लाले पड़े थे, तब स्वयं कृष्ण एवं ज्येष्ठ बंधु बलराम बिलकुल निश्ंिचत एवं निर्भय थे।

जो घटित हुआ, वह अप्रत्याशित और अकल्पनीय था। किशोर कृष्ण के हाथों कंस का वध हुआ। गोकुलवासी यह समाचार सुनकर हर्ष से उन्मत्त हो गए। लेकिन मथुरावासियों ने तो यह दृश्य प्रत्यक्ष देखा था और फिर भी जैसे इस सत्य को स्वीकार करना सबके लिए कठिन था। तब पिता वसुदेव और माता देवकी तो कारागार में थे। वृष्णिवंशियों के गणाधिपति राजा उग्रसेन भी कारागार में बंद थे। वरिष्ठ यादव अक्रूर कंस की सभा में मुक्त थे। किंतु समग्र यादव परिवार को उस मुक्ति की भ्रामकता ज्ञात थी। मथुरा में उस समय कृष्ण तो केवल इतना जानते थे कि अक्रूर का स्थान राजा उग्रसेन एवं पिता वसुदेव के समकक्ष ही हो सकता है। परंतु उसके बाद ही कृष्ण ने यह जाना कि अक्रूर का स्थान तो सदैव से सत्ता के साथ ही संलग्न है। उग्रसेन गणाधिपति थे तब अक्रूर और वसुदेव दोनों उग्रसेन के दाएँ एवं बाएँ हाथ थे। वसुदेव को युवराज कंस ने पिता उग्रसेन की इच्छा का अनादर करके कारागार में बंद कर दिया, तभी अक्रूर ने मथुरा के सिंहासन पर उदित होते सूर्य के दर्शन कर लिये थे। तत्पश्चात् राजा उग्रसेन भी पुत्र कंस के हाथों बंदी बने। तब अक्रूर ने कंस का आधिपत्य स्वीकार कर सत्ता के साथ ही रहने में बुद्धिमानी समझ ली थी। यद्यपि जब यह लोकापवाद कृष्ण के ध्यान में आया, तब कृष्ण ने अन्य रीति से भी अक्रूर का मूल्यांकन करके देख लिया था।

वसुदेव और उग्रसेन जैसे वरिष्ठ यादवों को बंदी बनाने के पश्चात् कंस ने मथुरा के गणराज्यों पर एकच्छत्र शासन करना आरंभ किया था। गणराज्य उस आर्य शासन-परंपरा के द्योतक थे। आर्यावर्त्त में हस्तिनापुर जैसे राज्यों का उदय अवश्य इस परंपरा से भिन्न रूप में हुआ था, किंतु ये राज्य भी गणतंत्र के ही स्वरूप थे। सिंहासन पर चाहे वंश-परंपरागत शासक प्रतिष्ठित हों, पर उन्हें भी वरिष्ठों की मर्यादा एवं ब्राह्मण कुल की स्वीकृति की आवश्यकता थी। मथुरा में इस समय जो नया शासन आरूढ़ हुआ था, वह तो एकच्छत्र एवं निरंकुश साम्राज्य था। तदुपरांत अक्रूर जैसे एकाध वरिष्ठ यादव के विशिष्ट स्थान का महत्त्व कंस भी समझता था। और इसीलिए शासन के साथ रहने की अक्रूर की इच्छा का समर्थन करके कंस ने इस वरिष्ठ यादव को अपने निकट स्थान दिया था। जो भी हो, पर यदि अक्रूर ने कंस का साथ न दिया होता तो अक्रूर भी बंदी बनाए जा चुके होते और यदि ऐसा हुआ होता तो कंस अधिक निरंकुश एवं अधिक एकच्छत्र बन गया होता।

कंस के लिए यह भी आवश्यक था कि यादव कुल पर उसका अखंड आधिपत्य हो और सभी यादवों द्वारा उसको स्वीकार हो। इस लक्ष्य-स्थान पर पहुँचने के लिए कंस के लिए अक्रूर एक साधन थे। इतने वर्षों से अक्रूर केवल राज-स्वीकृत ही नहीं, लोक-स्वीकृत भी रहे थे। कंस यह जानता था कि ऐसे एकाध लोकमान्य वरिष्ठ जन की सहायता स्वीकृति के लक्ष्य तक पहुँचने में कितनी अधिक उपयोगी है। इस प्रकार दोनों ने इस तात्कालिक व्यवस्था का भिन्न-भिन्न मूल्य निर्धारित किया था।

लेकिन कृष्ण को तो इस व्यवस्था में भी एक तेजस्वी लकीर दृष्टिगत हो रही थी। यदि अक्रूर ने कंस के साथ सहकार द्वारा बंदी होना निर्मूल न किया होता तो इस समग्र यादव कुल के तितर-बितर हो जाने की पूरी संभावना थी। अक्रूर के मुक्त होने के कारण कंस पर उनके अंकुश के साथ हताश एवं दिशाशून्य यादवों के लिए भी एक आशा थी। अक्रूर का यह महत्त्व कंस जानता था और इसीलिए विष्णुयाग यज्ञ हेतु कृष्ण को गोकुल से मथुरा ले आने का कार्य उसने अक्रूर को ही सौंपा था। कंस के प्रतिनिधि के रूप में अन्य कोई भी यादव यदि यह कार्य स्वीकार करता तो गोकुलवासी शायद उसका विरोध करते। इसके अलावा नंद-यशोदा तो अक्रूर के सिवा किसी अन्य के हाथों कृष्ण को सौंपते ही नहीं। अक्रूर विश्वसनीय थे, चाहे कंस जैसे एकच्छत्र एवं अन्यायी शासक के साथी थे। और फिर भी उनका उज्ज्वल अतीत यादवों के मन में उनके लिए सद्भाव और सम्मान-प्रेरक था। अक्रूर के बिना कृष्ण का गोकुल से मथुरा आना संभव ही न था और यदि ऐसा कुछ संभव होता तो

कंस के वध के साथ समाप्त होनेवाले इस अध्याय में पता नहीं कितना निर्दोष रक्त बह जाता। कृष्ण चाहते तो उस पल अपनी प्रतिभा को सर्वोच्च स्थान दे सकते थे। बरसों से निरंकुश राजा के अत्याचार सहते हुए नतमस्तक, समय व्यतीत करनेवाले यादवों ने तो मुक्ति की कोई कामना ही नहीं की थी। इस प्रकार अचानक मथुरा को कंस की पकड़ से मुक्त करानेवाला बालक और कोई नहीं, वरिष्ठ यादव वसुदेव का पुत्र ही है, यह जानकर तो मथुरावासियों में हर्ष का सागर उमड़ने लगा था। कृष्ण ने इन सबके बीच सर्वोच्च स्थान प्राप्त कर लिया था।

कृष्ण ने वह स्थान स्वीकार नहीं किया था। उन्होंने तो पिता वसुदेव और माता देवकी को कारा से मुक्त कराकर सर्वप्रथम उनके चरण-स्पर्श किए थे। बंदी माता-पिता ने चौदह वर्ष के बाद पहली बार अपने पुत्र को देखा था। माता-पिता की मुक्ति के पश्चात् तुरंत ही दूसरा काम राजा उग्रसेन को बंधन-मुक्त करना था। कृष्ण ने उग्रसेन को भी कारागार से मुक्त कराया; इतना ही नहीं, कंस की मृत्यु के साथ ही कृष्ण ने शासनहीन मथुरा के सिंहासन पर राजा उग्रसेन का ही अभिषेक किया।

कृष्ण ने सोचा था कि अब वे मुक्त मन से विद्याध्ययन कर सकेंगे। अब तक संघर्षों की एक दीर्घ यात्रा गतिमान थी। कृष्ण की धारणा थी कि कंस-वध के साथ ही यह यात्रा समाप्त हो जाएगी; परंतु उनकी यह धारणा भ्रामक सिद्ध हुई थी। गणतंत्रों का नाश करके आर्यावर्त्त में एकच्छत्र शासन-प्रणाली विकसित करने एवं कमजोर राज्यों को समाप्त करके उनके भूमिखंडों को अपने शासन में मिला लेने को अधीर मगधराज जरासंध के लिए मथुरा की यह स्वतंत्रता असह्य थी। मथुरा का कंस और प्राग्ज्योतिषपुर का भौमासुर, दोनों मगध के पूर्व एवं पश्चिम में स्थित जरासंध के ही साथी थे। आर्यावर्त्त में एक नई धुरी का निर्माण हो रहा था। कृष्ण ने कंस का वध करके आकार धारण कर रही इस एकच्छत्र शासन की धुरी को बीच में से ही तोड़ दिया था। जरासंध के लिए यह असहनीय था। इस धुरी को आर्यावर्त्त में सुदृढ़ करने के लिए ही तो जरासंध ने कंस के साथ अपनी दो कन्याओं का विवाह किया था। कंस अब जरासंध का मित्र ही नहीं, जमाता भी था, अतः आत्मीय था। आत्मीय की ऐसी अवहेलना जरासंध सहन नहीं कर सकता था। मुक्ति का आस्वाद ले रहे हर्ष से विभोर मथुरावासियों पर उसने प्रचंड आक्रमण किया। मथुरावासियों के लिए यह अकल्पनीय आघात था। आनंद की हिलोरें अभी तो उमड़ ही रही थीं कि जरासंध ने प्रचंड प्रहार कर दिया, जिससे मथुरा कंपित हो उठी। आपत्काल के इन पलों में कृष्ण ने ही तो भयभीत मथुरावासियों का साथ दिया था और राजा उग्रसेन के नेतृत्व में कृष्ण एवं बलराम ने अपनी शक्ति जरासंध

की ओर केंद्रित की थी। कंस जैसे अजेय लगनेवाले समर्थ शासक को नष्ट कर देनेवाले कृष्ण-बलराम अवश्य कोई विशिष्ट प्रतिभा हैं, इस विचार से उत्साहित यादवों ने एकजुट होकर जरासंध के प्रथम प्रहार को झेल लिया। इतना ही नहीं, जरासंध के सैन्य को परास्त करके मगध की सीमा तक खदेड़ दिया।

मथुरावासियों को अब प्रतीति हो चुकी थी कि निश्चय ही कृष्ण के पास कोई दैवी सामर्थ्य है, जिससे जरासंध के आक्रमण को रोका जा सकता है। पराजित जरासंध ने जब दूसरी बार दुगुनी शक्ति से मथुरा पर धावा बोला, तब मथुरा के दुर्ग के द्वार बंद करके अंदर बैठे हुए यादव चिंता में पड़ गए थे। जरासंध पुनः आक्रमण करेगा, किसी को भी यह कल्पना न थी। जरासंध के इस दूसरे आक्रमण का भी कृष्ण ने बड़ी ही कुशलता से प्रतिकार कर दिया; पर इस आक्रमण का दुष्कर मूल्य मथुरा को चुकाना पड़ा। राजकोष में स्वर्णमुद्राएँ समाप्त हो चुकी थीं। मथुरा का दुर्ग चारों ओर से बहुत दिनों तक शत्रुओं से घिरा रहने के कारण अन्न जैसी प्राथमिक आवश्यकता की वस्तुओं का भी अभाव उत्पन्न हो गया। अब अधिक समय तक युद्ध की यह दावाग्नि मथुरा झेल नहीं सकती थी। दूसरी ओर घायल सिंह जैसा जरासंध बार-बार मथुरा को पीड़ित कर रहा था। इस समस्या के निवारण के लिए सभी यादव विचार-विमर्श कर रहे थे।

मथुरा को परास्त करने का जरासंध का प्रयास समग्र यादवों के प्रति शत्रुता के कारण नहीं थी। जरासंध का क्रोध तो केवल कृष्ण तक ही सीमित था। उसकी कन्याओं के सौभाग्य को हर लेनेवाले इस गोपालक का वध करके वैर-तृप्ति के लिए जरासंध आतुर था। अब तो सभी यादव भी जरासंध की यह इच्छा जान चुके थे। जरासंध के बार-बार के आक्रमण से मथुरा नगरी एक खंडहर जैसी बनने लगी थी। आनंद, उत्साह, उमंग, संगीत, नृत्य-गान या स्तुति-गान के बदले अब तो रात-दिन निरंतर शस्त्रों की खनखनाहट अथवा अश्व या हस्ति दल की हिनहिनाहट व चिंघाड़ सुनाई देती थी। यादव स्त्रियाँ सतत भयभीत अवस्था में जी रही थीं, जैसे उनका सौभाग्य जरासंध छीन रहा था।

ऐसी परिस्थिति में जब जरासंध ने सिंधु नदी के उस पार के प्रदेश के कालयवन को मथुरा पर पश्चिम दिशा की ओर से आक्रमण करने के लिए सहमत कर लिया, तब तो मथुरावासियों को लगा कि कंस का वध न होता तो शायद ये जीवन-मृत्यु के पल न आते। मथुरा की पूर्व-पश्चिम दोनों सीमाओं पर विकट शत्रु शिकारी कुत्तों की तरह अवसर देखकर खड़े थे और दुर्ग में बंद मथुरावासी मथुरा नगरी को और अपने प्राण बचा लेने की युक्ति-प्रयुक्ति खोज रहे थे।

यादवों के अलग-अलग समूहों ने कई दिनों तक कर्णोपकर्ण चर्चा की थी। इस चर्चा का प्रमुख सार एक ही था कि अब जरासंध से बचना असंभव है। जरासंध के आक्रमण का प्रतिकार करने से आज तक भले ही, पल-दो पल हौले से, साँस लेना संभव हो सका हो, किंतु वह स्थायी नहीं है। जरासंध और अब उसके युद्ध-सहयोगी कालयवन के लिए मथुरा तो मुट्ठी में समा जाए, इतनी थी। उसे मसल डालने में जरासंध को अब देर नहीं लगेगी। कृष्ण ने मथुरा के गणतंत्र को कंस की पकड़ से मुक्त किया था और जिस कृष्ण ने मथुरा को मुक्ति दी थी वही कृष्ण अब मथुरा को जीवित रख सकते थे। जरासंध की शत्रुता कृष्ण के साथ थी, मथुरा के साथ नहीं। और जरासंध को यदि यह पता चले कि अब कृष्ण मथुरा में नहीं है तो वह मथुरा को अपनी पकड़ से मुक्त कर दे और कृष्ण जहाँ हों वहाँ से उन्हें खोज निकालने के लिए अपनी शक्ति अन्य दिशा में मोड़ दे।

यह समाधान तर्कसंगत था और अक्रूर, उग्रसेन सहित सभी यादवों ने इसे स्वीकार भी किया था। यादवों की सभा में जब पहली बार इस स्वीकृति की जानकारी कृष्ण को मिली तब वे थोड़ा भी विचलित नहीं हुए। विकद्रु नामक ऐसे ही एक वरिष्ठ यादव ने जब कृष्ण से कहा था, 'हे श्रीकृष्ण! इस समय यादव वंश का नाश समीप है। तुम्हारा तेज एवं प्रतिभा अब हम अधिक समय तक नहीं झेल सकते। तुम अकेले ही जरासंध के साथ युद्ध के लिए समर्थ हो, जबकि मथुरा के साधन तो बहुत कम हो चुके हैं। इसलिए यह निर्बल नगरी एक दिन के लिए भी शत्रु का घेरा सहन करने की स्थिति में नहीं है। दुर्ग के तोरण एवं गुंबद टूट चुके हैं और शस्त्रास्त्र भी समाप्त हो गए हैं। अब तक कंस अपने बल के प्रताप से इस नगरी की रक्षा करता था, इसलिए अधिकतर नगरवासियों का ऐसे रक्षा के कार्य में योगदान नहीं रहा। परंतु कंस की शक्ति का अचानक नाश हो जाने से तथा हमारे इस गणतंत्र का उदय अभी नए सिरे से होने के कारण हम इस समय लंबे काल तक नया घेरा सह नहीं सकेंगे और हमारी छिन्न-भिन्न हो चुकी शेष बची सेना का यदि नाश होगा तो गणतंत्र एवं प्रजा दोनों का एक साथ ही अंत होगा। तुम जानते ही हो कि जरासंध का लक्ष्य मथुरा नगरी नहीं है, बल्कि...'

तब पहली बार कृष्ण ने जाना कि मथुरावासी अब अपने प्राणों की रक्षा के लिए बेचैन हैं और इस बेचैनी का अंत यानी—

पर तब विकद्रु के एक वाक्य पर कृष्ण को श्रद्धा हो गई थी। विकद्रु सच कहता था कि कृष्ण, जरासंध के साथ युद्ध करने में केवल तुम ही समर्थ हो। कृष्ण के मन में जरासंध का रंच मात्र भी भय नहीं था। उनके मन में तो मथुरा का बचाव

ही एकमात्र लक्ष्य था। उन्होंने अग्रज बलराम की ओर देखा और दोनों भाइयों ने सभा में बैठे हुए यादव वृद्धों की ओर देखा। यादव वृद्ध सिर नीचे झुकाकर जैसे विकद्रु के कथन को स्वीकृति दे रहे थे।

और इसीलिए सबके मनोभाव पहचानकर स्वयं कृष्ण ने जैसे इन सबको एक विकट परिस्थिति में से उबार लिया था। भीड़ भरी सभा को कृष्ण ने आश्वस्त किया था कि कल प्रभात की पहली किरण के साथ ही मथुरा नगरी का दक्षिणी द्वार खोलकर कृष्ण एवं बलराम दोनों जरासंध की सेना के सामने ही दक्षिण दिशा की ओर चले जाएँगे। इससे संशयग्रस्त जरासंध जब तक अपनी नई व्यूह-रचना करेगा तब तक तो कृष्ण और बलराम दोनों दक्षिण दिशा में गोमंतक पर्वतमाला के निकट पहुँच जाएँगे। पर्वतमाला और जंगलों के बीच शत्रु को भ्रमित करने की कला कृष्ण को बहुत अच्छी तरह ज्ञात थी।

इस समग्र घटना में तत्काल तो कृष्ण ने अपनी सामर्थ्य-श्रद्धा और मथुरावासियों को भावी विनाश से बचा लेने की आकांक्षा को ही प्रमाणभूत माना था। आज तक कभी भी कृष्ण ने अन्य कुछ सोचा नहीं था। आज अब इतने अरसे के बाद कभी-कभी कृष्ण के मन में इस समग्र घटना का पुनरावर्तन एक नया ही प्रश्न निर्मित करता था।

जिस कृष्ण ने मथुरावासियों को कंस के कुशासन से मुक्ति दिलाकर यादवों के गणतंत्र को पुनः स्थापित किया उसी कृष्ण को दुर्ग से बाहर भेजकर अपने प्राणों की रक्षा का उपाय खोजना यादवों के लिए क्या सचमुच क्षम्य था?

कृष्ण के मन में घुमड़नेवाला यह प्रश्न अनुत्तरित ही रहा।

: चार :

गोकुल और मथुरा तो कृष्ण की एक-एक साँस में रचे-बसे दो स्थान थे। गोकुल में उन्होंने क्या नहीं पाया था! उद्धव जैसे सखा और राधा जैसी सखी! ये दोनों यदि न होते तो क्या गोकुल का गोपालक कृष्ण मथुरा के आततायी कंस का वध करने का सामर्थ्य रखता? गोकुल के तमाल वृक्ष या फिर गोपियों के सजाए हुए मोरपंख—ये सब तो कृष्ण के जीवन के ही एक अंश थे। कालिंदी तट पर इधर-उधर टहलते हुए कछुए और किनारे का कदंब वृक्ष—इन सबको कृष्ण से विलग नहीं किया जा सकता। और फिर भी यह गोकुल आज कैसे अदृश्य हो गया था!

वृंदावन तो कितना प्यारा था! और मथुरावास भले ही संघर्षमय था, फिर भी उस संघर्ष में बड़े भाई बलराम, पिता वसुदेव, माता देवकी और कृष्ण के चरणों में अपना सर्वस्व न्योछावर कर देनेवाली त्रिवक्रा कुब्जा भी थी। इन सबके बावजूद कृष्ण को मथुरा का त्याग करना पड़ा था। स्वयं मथुरावासियों ने कृष्ण को इस त्याग के लिए सूचित किया था और कृष्ण ने तनिक भी संकोच किए बिना सहर्ष उसको स्वीकार भी किया था।

गोकुल का त्याग या मथुरा का त्याग—तब जो अस्वाभाविक नहीं लगा था वह आज इस समय क्यों अस्वाभाविक लग रहा है?

कुशस्थली में से द्वारका के सृजन की प्रक्रिया भी तब कितने उत्साह एवं सहज भाव से कृष्ण ने समाप्त की थी! बिलकुल सामान्य टीले जैसी कुशस्थली सुवर्ण नगरी बन गई और इसी सुवर्ण नगरी में कृष्ण ने यादवों को अजेय और दुर्भेद्य बनाया था। वसुदेव, अक्रूर एवं उग्रसेन जैसे वृद्धजन तथा सात्यकि, सत्राजित् एवं कृतवर्मा जैसे समवयस्क और प्रद्युम्न, सांब व अनिरुद्ध जैसे कनिष्ठ—इन सबके लिए कृष्ण ने द्वारका को कैसे संपन्न-समृद्ध बनाया था। इन सबके कल्याण और हित के लिए ही तो कृष्ण ने द्वारका के किनारे बहती गोमती में यमुना जल के दर्शन करके संतोष कर लिया था। विश्वकर्मा द्वारा निर्मित द्वारका के रमणीय मार्गों पर उगे हुए अशोक एवं चंपक वृक्षों में कदंब एवं तमाल वृक्षों का स्मरण करके कृष्ण ने स्वयं सदा शांति की अनुभूति की थी।

और फिर भी द्वारका का सूर्य जब मध्याकाश में तप रहा था तब—

कृष्ण को स्यमंतक मणि का प्रसंग याद हो आया। सूर्य की कृपा से सत्राजित् ने इस मणि को प्राप्त किया था। उस मणि से सत्राजित् को बिना किसी परिश्रम के अक्षय धनराशि प्राप्त हो रही थी। बिना परिश्रम के प्राप्त होनेवाली संपत्ति व्यक्ति की नहीं, समष्टि की होनी चाहिए। व्यक्ति को तो अपने पुरुषार्थ से जो प्राप्त हो उसी का उपयोग करना चाहिए, नहीं तो जो कुछ भी हो, वह सब बहुजन हिताय बहुजन सुखाय के लिए उपयोगी हो, उसी को कल्याण योग कहते हैं। कालिय नाग द्वारा दूषित करके अपने आधिपत्य में रखी हुई जलराशि को कृष्ण ने इसी विचार से प्रेरित होकर गोकुलवासियों के लिए मुक्त कराया था। कंस-वध भी 'व्यक्ति नहीं, बल्कि गणतंत्र महान् है' इसी विचार का एक अंश था। सत्राजित् द्वारा प्राप्त स्यमंतक मणि यदि एक व्यक्ति को समाज में उसके स्तर से अधिक उच्च स्तर पर रख दे तो उससे समाज की स्थिरता एवं समानता विपरीत रूप से प्रभावित होती है। स्यमंतक सत्राजित् के व्यक्तिगत स्वामित्व के बदले यदि उसका स्वामित्व

समग्र यादव कुल को संयुक्त रूप से प्राप्त हो तो उससे व्यक्ति के बदले समष्टि की महत्ता ही प्रतिष्ठित होगी—और यही कृष्ण को अभिप्रेत था।

किंतु कृष्ण का समझाना सफल नहीं हुआ। सत्राजित् ने कृष्ण की इस समष्टि की हितकारी विचारधारा को स्वीकार नहीं किया। अक्रूर एवं प्रसेनजित् जैसे यादवों ने परोक्ष रूप से सत्राजित् का समर्थन भी किया था। जिस समष्टि के हित के लिए कृष्ण इस मणि का स्वामित्व यदु कुल को सौंपना चाहते थे, उस कुल के ही सदस्य यदि इस तरह केवल एक सोच के लिए बँट जाएँ तो उस सोच का त्याग करना श्रेयस्कर है, ऐसा मानकर कृष्ण ने उस विषय को वहीं समाप्त कर दिया था।

परंतु तत्पश्चात् तो बहुत कुछ अचानक घटित हो गया। सत्राजित् की मृत्यु हुई और अक्रूर ने उस मणि का स्वामित्व प्राप्त कर लिया। कृष्ण इस घटना से अनभिज्ञ थे और यादवों ने सत्राजित् की मृत्यु को स्यमंतक मणि के साथ जोड़कर उसकी मृत्यु के लिए उत्तरदायी व्यक्ति की खोज शुरू की। कृष्ण के लिए भी सत्राजित् की मृत्यु एवं स्यमंतक मणि का अदृश्य होना एक गंभीर, चिंताजनक घटना थी। ज्येष्ठ भ्राता बलराम के साथ कृष्ण ने मणि को खोजने के लिए चारों दिशाओं में अथक प्रयत्न किए थे।

रानी सत्यभामा भी पिता सत्राजित् की मृत्यु से व्यथित थीं। पिता की मृत्यु के साथ ही मणि का अदृश्य हो जाना अर्थात् मणि को हस्तगत करने के लिए ही किसी ने सत्राजित् की हत्या कर दी होगी, ऐसी आशंका भी समग्र यादव सभा में व्याप्त थी। मणि खोजने के कृष्ण के प्रयत्न सफल नहीं हो रहे थे।

रानी सत्यभामा लगभग रोज चिंतित स्वर में पति से पूछा करती थीं, 'नाथ, द्वारका के यादव परिवारों में मृत्यु कोई अनोखी घटना नहीं है, हत्या या वध भी कोई अपूर्व घटना नहीं है; किंतु स्वयं श्रीकृष्ण के सामने जिस यादव सभा ने विराट् रूप धारण किया हो उस यादव सभा में एक मणि की चोरी हो जाए और इस चौर्य कर्म को करनेवाला स्वयं श्रीकृष्ण से ही पकड़ा न जाए, इस घटना को असाधारण ही कहा जा सकता है।'

कृष्ण पत्नी का इशारा समझते थे। सत्यभामा की चिंता भी उचित थी। सत्राजित् सत्यभामा के पिता थे, अतः पिता के हत्यारे को उचित दंड मिले, ऐसी उनकी इच्छा होना स्वाभाविक ही था। लेकिन कृष्ण उस अपराधी का कोई चिह्न प्राप्त नहीं कर सके थे।

यादवों में, सत्राजित् की मृत्यु और उसके साथ ही मणि के अदृश्य हो जाने की घटना, कृष्ण ने थोड़े समय पहले सत्राजित् को समझाकर मणि का स्वामित्व

यादव कुल को सौंपने की जो माँग की थी, वह चर्चा का विषय बन चुकी थी। सत्राजित् का संपूर्ण स्वामित्व कृष्ण ने स्वीकार नहीं किया था, इस बात से यादव अनभिज्ञ नहीं थे। और इसीलिए इस समग्र घटना के परिप्रेक्ष्य में कृष्ण की क्या भूमिका हो सकती है, इस विषय में कर्णोपकर्ण बातें भी हो रही थीं। इसका संकेत स्पष्ट था। यादवों के एक वर्ग ने इस चौर्य कर्म के पीछे कृष्ण के होने की आशंका व्यक्त की थी।

कृष्ण इस आशंका को समझ गए थे और इस समग्र घटना की तह तक पहुँचने के लिए उन्होंने ज्येष्ठ भ्राता बलराम को साथ रखकर अथक प्रयास आरंभ कर दिए थे। ऐसे ही एक प्रयास में कृष्ण ने द्वारका से चुपचाप भाग रहे प्रसेनजित् यादव के पद-चिह्नों का पता लगाया था। कृष्ण और बलराम दोनों रथ पर आरूढ़ थे और प्रसेनजित् पैदल भाग रहा था। पैदल भाग रहे लगभग निःशस्त्र प्रसेनजित् को रथ की सहायता से पकड़ लेना और फिर शस्त्र-संघात करना धर्मतः उचित नहीं कहा जा सकता। इसके अलावा कृष्ण और बलराम दो थे तथा विपक्ष में प्रसेनजित् अकेला ही था। इसलिए धर्म तथा न्याय की तुला संतुलित रखने के लिए कृष्ण ने बलराम से कहा, 'बड़े भैया, प्रसेनजित् को परास्त करने के लिए आपको कष्ट करने की आवश्यकता नहीं है। आप रथ के साथ यहीं रुकिए। मैं इसी समय उस दुरात्मा के पास पहुँचकर (यदि वह मणि के साथ भाग रहा हो तो) उसे उचित दंड देता हूँ।'

बलराम ने कृष्ण के कथन में निहित धर्म को पहचाना और स्वीकार भी कर लिया। कृष्ण अकेले ही जब प्रसेनजित् के पास पहुँचे, तब भाग रहे प्रसेनजित् को एक गुफा के पास मृत अवस्था में पाया। प्रसेनजित् को उसकी इस भाग-दौड़ में ही अन्य किसी के हाथों मृत्यु प्राप्त हुई थी। कृष्ण खाली हाथ लौट आए और प्रतीक्षा कर रहे बलराम को अपनी असफलता की बात बताई।

बलराम सुनते रहे और फिर कृष्ण की ओर देखकर बोले, 'यह कैसे संभव हो सकता है, कृष्ण? कहीं प्रसेनजित् से तो तुम्हें स्यमंतक मणि की प्राप्ति नहीं हो गई?'

'यह आप क्या कह रहे हैं, बड़े भैया!' कृष्ण चकित रह गए। दिशाएँ जैसे एकाकार हो गईं। बहती वायु एक क्षण स्थिर हो गई। 'आप…आप…मुझ पर संदेह कर रहे हैं, बड़े भैया?'

'संयोग हों तो ऐसा ही होता है, भाई।' बलराम कठोरता से बोले, 'तुमने सत्राजित् से मणि की माँग की थी और अब प्रसेनजित् मृत्यु को प्राप्त हुआ है तब

मणि मिल नहीं रही। इन दो घटनाओं के कारण समस्त यादव कुल असमंजस में पड़ गया है।'

'मैं सच कहता हूँ, बड़े भैया, स्यमंतक का अदृश्य होना और प्रसेनजित् की मृत्यु होना—ये दोनों घटनाएँ मेरे लिए भी एक विकट समस्या हैं।'

लेकिन बलराम कृष्ण की बात को स्वीकार नहीं कर सकते थे। उन्होंने क्रोधित होकर कह दिया, 'कृष्ण, जिस यादव सभा में परस्पर विश्वास का भंग होता हो, अब मैं उस यादव सभा का एक अंश बने रहना नहीं चाहता। स्यमंतक मणि की समस्या के निवारण के बाद ही मैं द्वारका वापस लौटूँगा।' इतना कहकर बलराम चले गए थे।

विवश एवं क्षुब्ध कृष्ण जब द्वारका वापस लौटे तब बलराम के द्वारका-त्याग की बातें यादवों के बीच विकट चर्चा का विषय बन चुकी थीं। यदि वरिष्ठ यादव एवं कृष्ण के ज्येष्ठ भ्राता स्वयं बलराम भी इस घटना में कृष्ण के दोषी होने का संकेत कर रहे हों तो फिर अन्य यादवों द्वारा कृष्ण को दोषी मानना स्वाभाविक बात थी। यादव सभा में से कृष्ण जब अंत:पुर में वापस लौटे तब एक अगम्य बोझ से वे आक्रांत थे। रानी सत्यभामा के अंत:पुर में जब तक कृष्ण पहुँचे तब तक यह आशंका कृष्णप्रासाद की दीवारों को भी स्पर्श कर चुकी थी।

'स्वामी, सुना है कि ज्येष्ठ भ्राता बलराम ने द्वारका का त्याग कर दिया है और प्रसेनजित् के पास स्यमंतक के बारे में जानकारी प्राप्त करने के लिए आप पूज्य भ्राता को दूर रखकर अकेले ही गए थे। क्या यह सच है, नाथ?'

'हाँ, वही धर्म था और अकेले नि:शस्त्र प्रसेनजित् को युद्ध के लिए ललकारने के लिए रथ में आरूढ़ होकर हम दोनों सशस्त्र योद्धाओं का जाना निषेध था।'

'किंतु फिर पूज्य भ्राता ने आपका और उसके साथ द्वारका का भी त्याग क्यों किया?'

'आप सब बातें जानती ही हैं, सत्यभामा।' कृष्ण के स्वर में विषाद था। उनके चेहरे पर त्रिलोक में फैल जाय, इतना करुणा से भरा स्मित प्रकट हुआ।

'सच कहना, नाथ!' सत्यभामा ने गंभीर भाव से कहा, 'सत्राजित् मेरे पिता थे और यादवों की आशंका अनुसार यदि स्यमंतक मणि आपके पास है तो उनकी संतान होने के नाते उस मणि पर मेरा अधिकार तो है ही। मैं वह मणि आपके ही चरणों में धर दूँगी। किंतु मुझे सत्य जानना है, प्रभु!'

कृष्ण का अस्तित्व तब एक क्षण के लिए जैसे अंतरिक्ष में विलीन हो गया था। राहु एवं केतु आकाश में कहीं दृष्टिगत नहीं हो रहे थे। फिर भी सूर्य एवं चंद्र

ग्रहण लग गया हो, वैसे धुँधले पड़ गए थे।

'आपको···आपको···भी ऐसी आशंका है, देवि?' कृष्ण ने केवल इतना ही कहा।

'आप हमेशा अगम्य रहे हैं, स्वामी! और जो प्रश्न समस्या बनकर मेरे हृदय में बेचैनी पैदा करे, उसे मैं आपके सम्मुख रखकर निराकरण न करूँ तो और किसके सम्मुख करूँगी?' सत्यभामा का गला भर आया था। उन्होंने चेहरा फेर लिया।

कृष्ण कुछ न बोले। पत्नी की आशंका ने उनके अंतर्मन को द्रवित कर दिया। यादव सभा में सभी ने परोक्ष आशंका व्यक्त की थी, उसे तो कृष्ण ने सहज भाव से झेल लिया था। बड़े भैया बलराम ने जो भाव प्रकट किया था, उससे कृष्ण विचलित हुए थे। किंतु अब इस क्षण पत्नी सत्यभामा ने जो आशंका व्यक्त की थी वह तो कृष्ण जैसे को भी क्षुब्ध कर दे—ऐसी थी।

परंतु कृष्ण तो तब भी अक्षुब्ध रहे थे। युगों पुराने गहरे काले पहाड़ पर जिस प्रकार बिजली गिरते ही क्षण भर में हतप्रभ हो जाती है और पहाड़ केवल एक लकीर के साथ फिर से पूर्ववत् अडिग खड़ा रहता है, वैसे कृष्ण ने तत्क्षण इस प्रहार को विस्मृति के गहन गह्वर में धकेल दिया था।

इस समस्या का एक ही निराकरण था कि स्यमंतक मणि के चोर को किसी भी स्थिति में पकड़ लाया जाए।

और कृष्ण ने यह कार्य भी पूर्ण किया। स्यमंतक के स्वामी बन बैठे अक्रूर के प्रासाद में से प्रतिदिन उठती धनराशि की तरंगें अंतरिक्ष को भेदनेवाली कृष्ण की दृष्टि से अनभिज्ञ नहीं रह सकीं। स्यमंतक से प्रतिदिन आठ स्वर्णमुद्राएँ प्राप्त करनेवाले अक्रूर ने अपने प्रांगण में अहर्निश महायज्ञ आरंभ किया था। इन महायज्ञों की ज्वाला में कृष्ण ने अक्रूर का यह चौर्य कर्म पकड़ लिया था।

अक्रूर में कृष्ण के समक्ष सत्य को अस्वीकार करने की अब शक्ति नहीं थी। इस अतिवृद्ध वरिष्ठ यादव ने कृष्ण के समक्ष स्यमंतक मणि प्राप्त करने की कथा को स्वीकार कर लिया था। कृष्ण ने स्यमंतक तो प्राप्त कर ली, परंतु यदि इस चौर्य कर्म के लिए अक्रूर को यादव सभा में उपस्थित किया जाए तो इस वरिष्ठ यादव के आयुष्य के अंतिम दिन लज्जास्पद एवं दुःसह बन जाएँगे। कृष्ण ऐसा कैसे होने देते? कृष्ण जानते थे कि पत्नी सत्यभामा, ज्येष्ठ भ्राता बलराम और समग्र यादव कुल को उन पर संदेह है और उसके निर्मूलन का एक ही उपाय है कि इस वास्तविक चोर को सबके सामने उपस्थित करके उसका जीवन लज्जास्पद कर दे। किंतु कृष्ण ऐसा नहीं चाहते थे।

इतना ही नहीं, कृष्ण की दृष्टि इस तत्कालीन घटना में से यादव कुल के आगामी पीढ़ियों तक के प्रत्याघात भी देख सकती थी। कृष्ण के मन में ऐसी आशंका थी कि यदि अक्रूर सबके सामने अपमानित होंगे तो वृद्धों एवं वर्तमान पीढ़ी के बीच की मर्यादा का लोप हो जाएगा। अक्रूर जैसे भी हों, उन्हीं की उँगली पकड़कर तो कृष्ण ने गोकुल से मथुरा की ओर प्रयाण किया था। कंस के वध का यश चाहे कृष्ण को मिला था, किंतु परोक्ष रूप से उसमें अक्रूर का भी योगदान था। कृष्ण यह बात कैसे भूल सकते थे!

जब स्यमंतक मणि यादव सभा के समक्ष प्रस्तुत की गई और गणाधिपति के रूप में जब राजा उग्रसेन के हाथ में उसका स्वामित्व सौंपा गया, तब अक्रूर द्वारका छोड़कर मथुरा की ओर जा रहे थे।

: पाँच :

मध्याकाश में सूर्य कृष्णप्रासाद पर आकर ऐसे थम गया जैसे अल्प साँस लेने को रुका हो। प्रातःकाल की निवृत्तियों में व्यस्त द्वारका कुछ निवृत्त हुई थी। कुछ एक महालय के प्रांगण में से मध्याह्न वेदी की धूम-धार आकाश में ऊपर चढ़ रही थी। इन धूम-धारों के बीच में से द्वारका की वास्तविकता को पहचानने के प्रवेश में प्रवृत्त प्रखर सूर्यकिरणें कृष्णप्रासाद पर प्रतिबिंबित हो रही थीं।

भोजनोपरांत पलकें मूँदकर पर्यंक पर लेटे हुए कृष्ण को मुख्य कक्ष के द्वार के पास अचानक मंद पगों की आहट सुनाई दी। कृष्ण जाग्रत् ही थे। उन्होंने आँखें खोलकर उस ओर देखा। द्वारपाल कुछ संदेश लेकर द्वार पर खड़ा था। दोपहर की नींद के क्षणों में द्वारपाल का आना स्वाभाविक नहीं था। कृष्ण ने उसके चेहरे की ओर देखा। उसके चेहरे पर कुछ उलझन और कुछ उतावली थी, जो मस्तक पर स्वेद बनकर चिपक गई थी।

''श्रीकृष्ण की जय हो!'' द्वारपाल ने मस्तक झुकाकर धीमे से होंठ फड़फड़ाए।

''क्या बात है, भाई?'' कृष्ण ने पूछा, ''ऐसे अचानक शीघ्रता से आना पड़ा, ऐसा क्या संदेश है?''

''यदुनंदन!'' द्वारपाल ने किंचित् निकट आकर पुनः सिर झुकाया, ''देवर्षि नारदजी पधार रहे हैं।''

''देवर्षि नारद!'' कृष्ण खड़े हो गए, ''इस समय! देखो, उन्हें सम्मानपूर्वक अतिथिकक्ष में ले आओ। मैं अतिथिकक्ष में उनकी प्रतीक्षा करता हूँ।''

कृष्ण जब अतिथिकक्ष के निकट पहुँचे तब देवर्षि नारद अतिथिकक्ष की सीढ़ियाँ चढ़ रहे थे। उनकी पादुका का स्वर संगमरमर की सीढ़ियों पर एक अलौकिक ध्वनि प्रकट कर रहा था। इस ध्वनि में मिल जाने के लिए ही जैसे प्रकट हो रहा हो, वैसा उच्चारण नारद के होंठों के बीच से प्रकट हुआ, "नारायण!"

"पधारिए, भगवन्!" कृष्ण ने दो पग आगे बढ़कर नारद के चरणों के पास सिर झुकाया, "यादव कुल एवं द्वारका आज धन्य हो गए, देवर्षि! आपके आगमन का सौभाग्य आज हमें प्राप्त हुआ।"

"कल्याणमस्तु!" नारद ने दाहिना हाथ आगे बढ़ाकर गंभीर स्वर में कहा, "यादव कुल में सब प्रसन्न तो हैं? पिता वसुदेव, माता देवकी, गणाधिपति उग्रसेन—ये सब स्वस्थ तो हैं न?"

"आपके आशीर्वाद से यादव क्षेम-कुशल हैं, देवर्षि!" कृष्ण ने पास ही खड़ी रानी रुक्मिणी से पद-प्रक्षालन का जल लेकर देवर्षि के चरण पखारे। कक्ष के मध्य में स्थापित चौकी पर बिछाए मृगचर्म पर देवर्षि नारद ने स्थान ग्रहण किया। तत्पश्चात् कृष्ण उनके सम्मुख भूमि पर बैठ गए।

देवर्षि नारद का आगमन अकल्पनीय था। लेकिन नारद तो त्रिलोक के परिव्राजक, अत: उनके आगमन की कोई निश्चित तिथि कभी नहीं होती। आज भी नारद का आगमन अकल्पनीय था। लेकिन कृष्ण को इससे कोई आश्चर्य नहीं हुआ। देवर्षि के आतिथ्य की प्राथमिक विधि संपन्न करने के पश्चात् कृष्ण ने उनके आगमन के विषय में पूछा।

"मात्र श्रीकृष्ण-दर्शन का प्रयोजन।" नारद ने मुसकराकर कहा, "महायुद्ध के पश्चात् कृष्ण ने जैसे द्वारका का त्याग न करने का निश्चय किया है। इससे आर्यावर्त्त के अन्य प्रदेश कृष्ण के आगमन से वंचित रहे हैं। श्रीकृष्ण, क्या यह सत्य है?"

कृष्ण को याद आया, नारद का प्रश्न वेधक था। कुरुक्षेत्र के महायुद्ध के बाद उत्तरा के गर्भ से जनमे बालक परीक्षित् को पुनर्जीवित करने के बाद कृष्ण द्वारका वापस लौटे थे। उस घटना को एक युग जितना समय बीत गया था। माता गांधारी से शापित होने के बाद कृष्ण द्वारका वापस लौटे थे। वह समग्र वृत्तांत उनके मानस-पटल में एक क्षण में तादृश्य हुआ।

महायुद्ध समाप्त हुआ और पांडवों की जीत हुई। दुर्योधन का, धर्मयुद्ध के विपरीत, ऊरुघात करके वध कर देनेवाले पांडव भीम ने इस विजय पर अंतिम मुहर अंकित की। अब इस विजय के समाचार महाराज धृतराष्ट्र और गांधारी के समक्ष प्रस्तुत करने की विकट समस्या खड़ी हो गई। स्वयं युधिष्ठिर वृद्ध एवं अंध माता-

पिता के समक्ष ऐसे भयावह समाचार के साथ उपस्थित होने में भयभीत हो रहे थे। कृष्ण भी एक गहरी मनोव्यथा के साथ इस विनाश के साक्षी थे।

महायुद्ध के क्षण आएँ ही नहीं और आर्य कुल परस्पर लड़कर आत्मघात न करें, इसके लिए उन्होंने क्या नहीं किया था! जो काम द्रुपद के राजपुरोहित या धृतराष्ट्र के मंत्री संजय ने किया था वही काम स्वयं कृष्ण ने दूत बनकर किया। दूत की यह भूमिका निभाते हुए कृष्ण ने किसी औचित्य के बारे में नहीं सोचा था। महायुद्ध यदि स्थगित किया जा सके तो इंद्रप्रस्थ के समग्र राज्य के बदले केवल पाँच ग्राम प्राप्त करके भी पांडव संतुष्ट होंगे, इसकी तैयारी भी क्या कृष्ण ने नहीं दिखाई थी! इतना ही नहीं, प्रिय सखी द्रौपदी के प्रतिशोध से धधकते हृदय को शत्रुओं के रक्त से शांति प्रदान करने के अपने निर्णय से भी कृष्ण एक क्षण के लिए पीछे हट गए थे। सखी द्रौपदी को कृष्ण ने आश्वासन दिया था कि जिन आततायियों ने उसकी मर्यादा को भंग किया है, उनके रक्त से धरती रँग जाएगी और उनकी स्त्रियाँ अवश्य रुदन करेंगी।

द्रौपदी को कृष्ण पर कैसी अपार श्रद्धा थी! और फिर भी कृष्ण ने इस श्रद्धा को दाँव पर लगाकर शांति प्राप्त करने का प्रयास किया था। कौरव पक्ष का दुर्योधन इस महायुद्ध में कर्ण की वीरता पर विश्वास करके विजय की चाह रखता था। कृष्ण जानते थे कि भीष्म और द्रोण कौरव पक्ष के कितने ही समर्थ योद्धा हैं, किंतु उनकी कोमल संवेदना तो पांडवों के साथ ही है। यह बात दुर्योधन भी समझता था, इसलिए पूर्ण वैराग्नि के साथ युद्ध करे, ऐसा प्रचंड योद्धा एकमात्र कर्ण ही था। यदि कर्ण को कौरव पक्ष से विमुख किया जा सके तो दुर्योधन की युद्धेच्छा एकदम शिथिल हो जाएगी। इस लक्ष्य के साथ कृष्ण ने तब कर्ण को समझाया भी था। इस समझाने में कृष्ण ने अपना समग्र कृष्णत्व भी दाँव पर लगाकर कर्ण से कहा था, 'कर्ण, तुम सूतपुत्र नहीं हो, तुम तो कुंतीपुत्र हो, पाँच पांडवों के ज्येष्ठ भ्राता हो। यदि पांडव पक्ष में रहोगे तो पाँच पांडवों की साझा पत्नी द्रौपदी ज्येष्ठ भ्राता के रूप में तुम्हारी भी पत्नी बनेगी।'

तब कितनी प्रचंड यातना के साथ कृष्ण ने इन शब्दों का उच्चारण किया था। कृष्ण समझते थे कि यदि कर्ण इस प्रस्ताव को स्वीकार करेगा तो उन्होंने स्वयं द्रौपदी से द्रोह किया है, यही अर्थ गर्भित होगा। परंतु कृष्ण के समक्ष कभी कोई व्यक्ति-रूप में था ही नहीं। उनकी आँखों के सामने तो सदा समष्टि ही थी। एक द्रौपदी क्या, अनेक कृष्ण का भी यदि भोग देना पड़े तो भी समष्टि का हित और विश्व का कल्याण प्राप्त करने के लिए कृष्ण पीछे हटा नहीं करते। उन्होंने स्वयं ही तो भरी हुई कौरव

सभा में कहा था कि परिवार के लिए व्यक्ति का त्याग, जनपद के लिए परिवार का त्याग, राज्य के लिए जनपद का त्याग एवं आत्मा के लिए समय आने पर समग्र का त्याग ही कल्याणकारी है। इस विभावना के अनुसार ही कृष्ण ने अपनी कीर्ति एवं समग्र कृष्णत्व एक ओर रखकर युद्ध के निवारण का प्रयास किया था।

युद्ध के परिणाम से भी कृष्ण कहाँ अनभिज्ञ थे! केवल माता गांधारी की गोद ही नहीं बल्कि कुंती, द्रौपदी, सुभद्रा—इन सबकी गोद जिस प्रकार उजाड़ होने वाली थी, उस भवितव्य में से कुछ भी कृष्ण से अनजान नहीं था। और इसीलिए इस परिणाम से पृथक् रहने के लिए कृष्ण ने अपनी समग्र शक्ति प्रेरित की थी। कुरुसभा में दुर्योधन द्वारा कृष्ण को बंदी बना लेने जैसे दुःसाहस को भी कृष्ण ने जानते हुए भी मोल लिया था। सात्यकि जैसे कृष्ण के सतर्क साथी की विलक्षण व्यूह रचना के कारण दुर्योधन भले ही उसमें सफल न हो सका, किंतु कृष्ण ने येन-केन-प्रकारेण महासंहार से सबको उबारने के लिए सभी संभव प्रयास किए थे।

युद्ध होना जब अनिवार्य बन गया तब यादव कुल में इस युद्ध के संभावित कारण एवं परिणामों के बारे में परस्पर भारी विवाद भी उत्पन्न हुआ था। ज्येष्ठ भ्राता बलराम यह प्रतिपादित करते थे कि इस युद्ध में न्याय एवं धर्म कौरव पक्ष में है। बलराम का तर्क अन्य वरिष्ठ यादवों को कुछ अंशों में यथार्थ लगता था। यादव कुल की दो कन्याएँ कौरव एवं पांडव परिवारों में ब्याही गई थीं। जिस प्रकार पांडु-पुत्र अर्जुन यादव कुल का जामाता था उसी प्रकार दुर्योधन-पुत्र लक्ष्मण भी बलराम का जामाता था। इस रिश्ते के नाते महायुद्ध के ये दोनों विपक्षी यादवों के लिए तो एक समान ही थे। कृतवर्मा, भूरिश्रवा आदि यादव योद्धा बलराम के पक्ष में थे। इस भाँति कृष्ण की विलक्षण दृष्टि ने यह देख लिया था कि महायुद्ध का प्रथम भोग रक्त की एक भी बूँद गिराए बिना यादव कुल का ऐक्य तथा मेल बन जाता है। वे स्वयं आजीवन धर्म के रक्षक रहे थे और धर्म का जो विभाव्य उन्होंने अंकित किया था, उसमें पांडव-पक्ष का पलड़ा कौरवों से अधिक भारी था; परंतु यदि वे स्वयं पांडव पक्ष में रहकर शस्त्र धारण कर लेंगे तो उसका अर्थ यही होगा कि बलराम विपक्ष में रहेंगे। और जिस प्रकार महाराज शांतनु के वंशज परस्पर शस्त्र खींचकर रक्त-पिपासा शांत कर रहे थे, वैसी ही स्थिति वृष्णि वंशियों की होगी, ऐसा भवितव्य कृष्ण ने देख लिया था। ऐसा कुछ भी होने से रोकने के लिए कृष्ण को महायुद्ध के दूत-कर्म से भी विशेष एक कार्य संपन्न करना था।

कृष्ण ने निश्चय कर लिया कि किसी भी मूल्य पर यादव कुल शत्रु पक्ष में रहकर आमने-सामने लड़ाई न करे, इसलिए वे एक गंभीर निर्णय पर पहुँचे। युद्ध

की पूर्व संध्या को क्षत्रिय कर्मानुसार उनकी सहायता माँगने द्वारका आए हुए दोनों संबंधी दुर्योधन और अर्जुन का उचित सत्कार करने के पश्चात् कृष्ण ने उनके सामने अपना प्रस्ताव रखा।

'आप दोनों मेरे लिए एक समान स्नेहीजन हैं। दोनों के साथ यदुकुल के संबंध जुड़े हुए हैं। इन संबंधों के कारण आप दोनों की सहायता करना यादवों का धर्म है। इस धर्म को मैं स्वीकार करता हूँ; किंतु…'

'किंतु क्या, श्रीकृष्ण?' सहायता माँगने आए हुए दुर्योधन और अर्जुन दोनों एक साथ बोल उठे थे।

'आप जानते हैं कि युद्ध के निवारण के लिए मैंने यथासंभव सभी प्रयास किए हैं। मैं युद्ध का विरोध करता हूँ और इसलिए इस युद्ध में कोई शस्त्र ग्रहण न करने की मैंने प्रतिज्ञा की है।'

'यह आप क्या कह रहे हैं, श्रीकृष्ण?' इस बार केवल अर्जुन बोला।

मानो अर्जुन का कहा कोई शब्द सुना ही न हो, इस प्रकार कृष्ण ने अपनी बात आगे बढ़ाई, 'अर्थात् यादवों की शक्ति दो हिस्सों में बँट जाएगी। समग्र यादव सैन्य अपने शस्त्र एवं सामर्थ्य के साथ एक पक्ष में रहकर लड़ेगा और विपक्ष में निःशस्त्र मैं रहूँगा। मैं दूत-कर्म करूँगा, सूत-कर्म करूँगा, अन्य कोई भी काम करूँगा; पर जिस पक्ष में रहूँगा उस पक्ष के लिए मैं शस्त्र धारण करके हिंसा नहीं करूँगा।' कृष्ण ने बात समाप्त करते हुए कहा, 'अब चुनाव आपको करना है। आप दोनों में अर्जुन लघु हैं, अतः पहला चयन अर्जुन का हो, यही धर्म है!'

और इस प्रकार निःशस्त्र कृष्ण को अर्जुन ने चुना और अठारह दिन तक कृष्ण अर्जुन के सारथि भी बने। अर्जुन के चयन से दुर्योधन प्रसन्न हुआ था और कृष्ण के यादव सैन्य का सामर्थ्य प्राप्त करके वह स्वयं महायुद्ध में अधिक शक्तिशाली बन गया है, ऐसा उसने मान लिया था।

कृष्ण का अनुमान ठीक ही था। एकमात्र सात्यकि कृष्ण के साथ रहा। सात्यकि अर्जुन का शिष्य था, इसलिए उसने पांडव पक्ष की ओर से लड़ना स्वीकार किया। इस प्रकार समग्र यादव सेना विवाद से परे हो गई। इतना ही नहीं, पांडव पक्ष के कृष्ण तो निःशस्त्र थे, अतः यादव परस्पर प्रहार करके अपना ही संहार न करें, ऐसी कृष्ण की इच्छा भी पूर्ण हो गई। ज्येष्ठ भ्राता बलराम भी यादव सैन्य दुर्योधन के पक्ष में और पांडव पक्ष में कृष्ण तो निःशस्त्र हैं, यह जानकर युद्ध से विमुख हो गए थे और पक्षकार बनने के बदले उन्होंने तीर्थयात्रा पर जाना उचित समझा था।

फिर भी, युद्ध की समाप्ति पर जब कृष्ण दुर्योधन के पिता धृतराष्ट्र और

माता गांधारी के समक्ष उपस्थित हुए तब क्या हुआ?

कौरवों के संहार के समाचार दृष्टिहीन माता-पिता तक पहुँचाने का कर्म भी कृष्ण ने एक दूत के रूप में स्वीकार किया था। अठारह दिनों तक सूत-कर्म करने के पश्चात् अब कृष्ण को यह अंतिम दूत-कर्म निभाना था। जिस युद्ध के निवारण के लिए उन्होंने स्वयं निरंतर एवं निष्ठापूर्वक प्रयत्न किए थे उस युद्ध के महासंहार की करुणता के समाचार कृष्ण ने जब माता गांधारी को दिए, तब माता आक्रंद कर उठी थीं, 'वासुदेव, क्षत्रियों के लिए युद्ध कोई नवीन बात नहीं है। किंतु एक ही भाई के हाथों सौ भाई मृत्यु को प्राप्त हों और भाई होकर भाई की छाती के उष्ण रक्त का पान करे, ऐसा आर्य-परंपरा में कहीं घटित नहीं हुआ है। और वह भी यह आपकी उपस्थिति में हुआ है। इस अधर्म का समर्थन आपने क्यों किया?'

'माता!' कृष्ण ने कहा, 'भूल गईं उस दिन द्यूतसभा में रजस्वला कुलवधू द्रौपदी के मर्यादा-भंग के समय भीम द्वारा की हुई प्रतिज्ञा?'

'आप मुझे ताना दे रहे हैं, कृष्ण!' गांधारी ने चीत्कार किया।

'नहीं, माते! मैं ऐसा अधम नहीं हूँ। मैं तो मात्र आपको स्मरण करा रहा हूँ।'

'यदुनंदन, आपने यदि चाहा होता तो इस संहार को अवश्य रोक सके होते।' गांधारी बोली।

'उसी के लिए तो मैंने दूत-कर्म स्वीकार किया था, माता। आपके पुत्र ने इंद्रप्रस्थ के राज्य के बदले मात्र पाँच ग्राम भी देने से मना कर दिया था। आप भी मेरे इस विष्टि-कर्म की साक्षी थीं।'

'हाँ, किंतु मैं तो एक स्त्री थी और वह भी दृष्टिहीन। आप तो तीनों काल को देखने का सामर्थ्य रखते हैं। कृष्ण, आपके लिए कोई मर्यादा नहीं थी। इस महासंहार के दोष से आप मुक्त नहीं रह सकते। समग्र कुरुकुल के इस संहार के लिए आप उत्तरदायी हैं।'

'माता!' कृष्ण नतमस्तक खड़े रहे।

'और इसीलिए मैं आपको शाप देती हूँ, वासुदेव! जिस प्रकार आज कुरुकुल का संहार हुआ है उसी प्रकार आज से छत्तीसवें वर्ष में समग्र यादव कुल का भी परस्पर लड़कर संपूर्ण नाश होगा।'

'बस!' कृष्ण ने मस्तक ऊपर उठाकर गांधारी की ओर देखा, 'इतनी ही शिक्षा, माँ? यादवों को उनके सामर्थ्य का घमंड उस दिशा में खींच न ले जाए तो ही आश्चर्य होगा! आपका यह शाप एक तरह से अनुग्रह ही कहा जा सकता है। मैं इसे स्वीकार करता हूँ, माता।' कृष्ण ने दोनों हाथ जोड़कर मस्तक झुका दिया।

ये छत्तीस वर्ष अब समाप्त हो रहे हैं, तब यह समग्र घटना याद करके कृष्ण जैसे फिर एक बार विचारमग्न हो गए—गांधारी ने चाहे मुझे शापित किया और उस क्षण तो मैंने स्वयं शाप का सहज भाव से, स्वस्थता से स्वीकार भी कर लिया, किंतु इसमें मेरा क्या दोष था? किस दोष का यह परिणाम वे स्वयं भोग रहे थे? युद्ध-निवारण के लिए खुद तो सभी मनुष्य-सहज कर्म पूर्ण निष्ठा से किए थे और फिर भी···फिर भी···

माता गांधारी ने स्वयं मुझे और समग्र यादव कुल को शापित किया, क्या यह तर्कसंगत और न्यायपूर्ण था?

युद्ध की समाप्ति पर शापित कृष्ण द्वारका वापस लौटे, उसके पश्चात् के छत्तीस वर्ष—

: छह :

देवर्षि नारद ने सच कहा था।

अश्वत्थामा के ब्रह्मास्त्र से मृत हो चुके कुरुवंश के एकमात्र उत्तराधिकारी, उत्तरा के गर्भ को संजीवन करने के पश्चात् कृष्ण हस्तिनापुर से वापस द्वारका लौटे, उसके बाद के इस दीर्घकाल में कृष्ण कभी द्वारका से बाहर नहीं गए थे। प्रिय सखा अर्जुन या प्रिय सखी द्रौपदी से मिलने के लिए भी कृष्ण कभी हस्तिनापुर नहीं गए थे। इतना ही नहीं, इस बीच उन्होंने कभी किसी को द्वारका आने का निमंत्रण भी नहीं दिया था। गोकुल छोड़ते समय मथुरा का अज्ञात प्रदेश और वैसा ही अनजान भविष्य दृष्टि के समक्ष था। मथुरा छोड़कर द्वारका आए, तब प्रदेश और भविष्य दोनों पूर्णतः अनजान थे। इतने वर्षों में अनेक बार यह सब सुना था। किंतु कृष्ण जानते थे कि देह की एक अवधि होती है और प्रत्येक संबंध का एक अनिवार्य अंत भी होता है। जिस अंत का सहज भाव से स्वीकार हो सके, वह दुःखद नहीं होता; इसके विपरीत इस सहज स्वीकार के साथ वह स्मरणीय बन जाता है।

और अब तो माता गांधारी ने छत्तीस वर्ष की समय सीमा अंकित कर दी थी। इन छत्तीस वर्षों के अंत में महाकाल अपने गर्भ में सभी को समाविष्ट कर देने वाला था।

और इसीलिए इतने वर्षों से कृष्ण शायद अपनी व्याप्ति को आत्मा में केंद्रित कर रहे थे। व्याप्ति के क्षण समाप्त होने की तैयारी थी और आत्मा में यह सब केंद्रित करके महाकाल के चरणों में स्वस्थता से बैठ जाने की पूर्व तैयारी हो रही थी।

नारद का प्रश्न यथार्थ था।

"आपका निरीक्षण सही है, देवर्षि।" कृष्ण ने स्वीकार करते हुए कहा, "आप तो विश्व के परिव्राजक हैं। आपसे कुछ भी अनभिज्ञ कैसे रह सकता है!"

नारद ने कोई प्रतिवाद नहीं किया। कृष्ण के इस कथन को जैसे उन्होंने स्वीकार कर लिया। कुछ क्षण पश्चात् उन्होंने पूछा, "क्या ऐसा संभव नहीं कि परिव्राजक-वृत्ति शायद विरक्ति की ओर ले जाए?"

"संभाव्य है।" कृष्ण ने कहा, "किंतु वह वृत्ति यदि अंतर से प्रकट न हो तो उसका केवल बाह्य अनुसरण विपरीत परिणाम ही लाता है।"

"आप सब समझते ही हैं।" देवर्षि ने हँसकर कहा, "परंतु इन विभावनाओं में कहीं कोई उद्वेग तो प्रविष्ट नहीं हुआ है न?"

कृष्ण ने एक क्षण मौन धारण किया। फिर एक बार उनकी दृष्टि के समक्ष गोकुल-त्याग के क्षण से लेकर गांधारी के शाप तक की घटनाएँ दृश्यमान हुईं। उन्होंने खुले आकाश की ओर दृष्टि केंद्रित की। तीसरे प्रहर की समाप्ति के चौघड़िए अभी ही दुर्ग पर से सुनाई दिए थे। सवितानारायण पश्चिम की ओर तीव्र गति से अग्रसर थे।

"क्यों कुछ बोले नहीं, देवकीनंदन?" देवर्षि नारद कृष्ण के मौन को समझ न सके।

कृष्ण के होंठों पर एक अगम्य स्मित प्रकट हुआ और तुरंत ही मुरझा गया।

"भगवंत!" कृष्ण ने जैसे होंठ फड़फड़ाए। कृष्णप्रासाद की दीवारों को भी ये बोल अपरिचित लगे, "क्या एक प्रश्न पूछ सकता हूँ?"

"पूछने के लिए पूछना पड़े और वह भी स्वयं श्रीकृष्ण को! यह तो विकट समस्या है।" नारद ने कहा।

"प्रश्न ही कुछ ऐसा है कि वह किसी से पूछा नहीं जा सकता, क्योंकि उसका निराकरण कोई नहीं कर सकता।"

"और फिर भी आप वह प्रश्न मुझसे पूछना चाहते हैं, श्रीकृष्ण!"

"हाँ, क्योंकि जो प्रश्न हमेशा अनुत्तरित रहेगा उस प्रश्न को बाँट सकें, ऐसे त्रिलोक के परिव्राजक अकेले आप ही तो हैं!"

"ठीक है।" नारद ने कहा, "इसे मैं अपना परम सौभाग्य मानता हूँ।"

एक गंभीर सन्नाटा वातावरण में व्याप गया।

"देवर्षि!" कृष्ण बोले, "समझदार हुआ, तब से मैंने जो कुछ प्रकट किया है उसका स्वामित्व कभी मैंने अपने पास नहीं रखा। मथुरा का राज्य हो या द्वारका

का, विश्वकर्मा से प्राप्त ऐश्वर्य हो या सूर्य के पास से प्राप्त स्यमंतक मणि हो—ये सब मैंने हमेशा मेरे स्वजन, मेरे परिजन ऐसे यादव कुल के चरणों में ही धर दिया है।'' कृष्ण एक क्षण के लिए रुक गए।

''आर्यावर्त्त में कृष्णत्व की यह कथा किसी से अज्ञात नहीं है।'' नारद ने कहा।

''हाँ, किंतु जो कुछ अज्ञात है, वह आज मैं आपके समक्ष प्रकट करना चाहता हूँ। जिन परिजनों के चरणों में मैंने किसी भी प्रकार के स्वार्थ के बिना यह सब धर दिया, वे परिजन ही मुझसे असंतुष्ट क्यों रहते हैं, यह समस्या मैं समझ नहीं सकता, देवर्षि! आसक्ति-रहित कर्म का जो उपदेश मैंने दिया है उसी का आजीवन आचरण भी किया है और फिर भी मेरे आप्तजन मुझ पर आशंकित हों और मेरे कर्मों से असंतुष्ट हों, ऐसा क्यों होता है, यह मैं समझ नहीं पाता!'' कृष्ण ने एक गहरी साँस लेकर कहा।

कृष्ण का यह प्रश्न देवर्षि नारद के लिए अकल्पनीय था। एक क्षण के लिए नारद स्तब्ध हो गए। कृष्ण के मन में स्थित यह मनोव्यापार शब्द के रूप में उनके होंठों से प्रकट हुआ, उससे पूर्व उन्होंने कितने वर्षों तक अंतर्व्यथा सहन की होगी! यह प्रश्न नारद के मन में उत्पन्न हुआ। नारद इस कृष्ण-कथा से भली-भाँति परिचित थे; परंतु इस कथा के पार्श्व में स्थित कृष्ण की ऐसी किसी भूमिका से वे बिलकुल अनभिज्ञ थे।

''अच्युत!'' नारद ने एक क्षण के विराम के पश्चात् कहा, ''सुना है कि महायुद्ध के पहले दिन अर्जुन के मन में प्रकट होनेवाला विषाद श्रीकृष्ण के संस्पर्श से योग बन गया था। किंतु यदि स्वयं श्रीकृष्ण के मन में विषाद प्रकट हो तो उसे कौन योग बना सकता है?''

''देवर्षि! महायुद्ध के आरंभिक क्षण में अर्जुन के विषाद को योग में परिवर्तित करनेवाला कृष्ण का मन भी आखिर तो मानव मन ही है—और मानव जीवन की संकुलता तो अपार है। आप जैसे तपोनिष्ठ एवं ब्रह्म के ज्ञाता के सिवाय इस विषाद को कौन स्पर्श कर सकता है?''

''यदुश्रेष्ठ!'' नारद ने कहा, ''आपने जो कुछ प्राप्त किया, वह असामान्य था। इस असामान्य की प्राप्ति जिस प्रकार सामान्य से नहीं हो सकती उसी प्रकार असामान्य का वितरण भी सामान्य में नहीं हो सकता।'' देवर्षि ने एक-एक शब्द अलग करके कहा।

''अर्थात्? मैं समझा नहीं!'' कृष्ण ने अल्प आश्चर्य के साथ कहा।

''स्वयं श्रीकृष्ण जो न समझ सकें, उसे अन्य कोई कैसे समझ सकेगा?''

नारद ने कहा, "मथुरा का राज्य हो या द्वारका का सिंहासन, विश्वकर्मा का वैभव हो या सूर्यदेव द्वारा प्रदत्त स्यमंतक मणि—ये सब श्रीकृष्ण के स्पर्श से चाहे आधिभौतिक बन जाते हों, परंतु उग्रसेन हों या अक्रूर, सत्राजित् हों या स्वयं सत्यभामा, बलराम हों या कृतवर्मा—आपके ये सब आप्तजन कृष्ण के कृष्णत्व का अंश प्राप्त करें, उससे पूर्व ही आपने इन सबको अपने संयम और ऐश्वर्य के स्वामी बना दिए थे। स्वामित्व एक संस्कार है और यह संस्कार जन्मजात नहीं है। इस संस्कार का संवर्धन करना पड़ता है। तत्पश्चात् ही ऐश्वर्य का उपभोग भगवत्ता प्राप्त करता है।"

"देवर्षि!" कृष्ण ने अल्प स्मित से कहा, "आप ऐसा तो सूचित नहीं करना चाहते कि मैंने जो कुछ प्राप्त करके इन स्वजनों को दिया, वह उचित नहीं था?"

"आपका अनुमान सही है, देवकीनंदन।" नारद ने स्पष्टता करते हुए कहा, "जब तक आपके देहधर्म कार्यान्वित हो रहे हों तब तक इस ऐश्वर्य का स्वामित्व आपने ही सँभाला होता तो आप्तजनों की ये अपेक्षाएँ इतनी उद्दीप्त न हुई होतीं। आपने ही उनकी अनौरस अपेक्षाओं को बढ़ने दिया था। अपेक्षाओं का कोई अंत नहीं होता। उनके मन में आप हमेशा कुछ प्राप्त करानेवाले दैवी व्यक्तित्व बने रहे। फलस्वरूप उनके मन में परस्पर की ओर तो ठीक, किंतु स्वयं आपके प्रति भी सदा आशंका ही रही। ऐश्वर्य का वितरण अवश्य उत्तराधिकारी के बीच में ही होता है। किंतु उन्हें यह अधिकार उनकी क्षमता के प्रमाण में ही उपलब्ध हो, यह आवश्यक है। और यह प्राप्ति भी आपके देहधर्म की समाप्ति के पश्चात् ही योग्य मानी जा सकती थी।"

कृष्ण ने इस क्षण महसूस किया कि उन्होंने स्वयं जिस दिन अर्जुन को विराट् स्वरूप के दर्शन कराए थे उस दिन अर्जुन के मन में कैसे मनोव्यापार प्रकट हुए होंगे! देवर्षि नारद के दिए हुए संकेत की दिशा में तो कृष्ण ने कभी सोचा ही नहीं था। आप्तजनों को आसक्ति-रहित भाव से जो कुछ अर्पित किया जाए, उसमें भी क्षमता और औचित्य के प्रश्न के बारे में कृष्ण ने एक क्षण में सोच लिया।

"यदि ऐसा ही है तो मैंने जिन्हें जो कुछ दिया है, वह सब उनसे वापस ले सकता हूँ।" कृष्ण ने कहा।

"जिस प्रकार देना एक भूल थी उसी प्रकार दिया हुआ वापस ले लेना, यह उससे भी बड़ी भूल होगी।" नारद ने कहा, "आप यह सब उनसे वापस ले सकते हैं, इसमें तो कोई संदेह नहीं। आपका सामर्थ्य आज भी ऐसा कर सकता है; किंतु…"

"किंतु क्या, देवर्षि?"

"किंतु उससे समस्या का निराकरण नहीं होगा। जो आपसे असंतुष्ट हैं वे

ज्यादा असंतुष्ट होंगे। संतोष के सुख के बदले असंतोष की अग्नि प्रज्वलित हो उठेगी।''

कृष्ण के चेहरे पर एक अगम्य भाव फैल गया। आप्तजनों के संतोष के सभी प्रसंग एक बार फिर उनकी स्मृति में कुलबुलाए। अब यदि वे इन सबके पास चाहें तो भी क्या सबकुछ वापस ले सकते हैं? मथुरा की भरी सभा में एक तरह से मुझे जाने के लिए कहनेवाला विकद्रु हो या तत्पश्चात् बरसों तक गणाधिपति बनकर यादव कुल पर ज्येष्ठत्व भोगनेवाले राजा उग्रसेन हों—किसी के पास से अब कुछ भी वापस लेना तो महाअनर्थकारी ही सिद्ध होगा। नारद सच ही कह रहे थे।

''आपने जो कहा, उसका मूल्य मेरे लिए बहुत ऊँचा है, देवर्षि। किंतु उससे समस्या का निराकरण तो नहीं होगा।'' कृष्ण ने कहा।

''अमुक समस्याओं के साथ समाधान करना ही पड़ता है, श्रीकृष्ण! मुझे यह बात आपको नहीं समझानी होगी।''

कृष्ण के होंठों पर एक स्मित फैल गया। समस्याओं के साथ समाधान करने की इस बात से वे अनभिज्ञ नहीं थे। और फिर भी आज इस समस्या के साथ समाधान करते हुए उनके मन में कुछ प्रकंप क्यों हो रहा था? उनके इस सुदीर्घ आयुष्य में अनगिनत समस्याएँ आ चुकी थीं—यमुना के जल को दूषित करनेवाले कालिय नाग को परास्त करना हो या इंद्र के कोप में से ब्रजभूमि को उबार लेना हो...

बाल्यावस्था से ही ऐसी समस्याओं का कृष्ण ने प्रतिकार किया था, कहीं निराकरण किया था, कहीं समस्या के साथ संवाद किया था। किंतु इन सब में आज जैसी संवेदना का अनुभव कृष्ण आज कर रहे थे वैसा अनुभव तो कभी नहीं किया था। उन्हें वे क्षण फिर याद आए जब अर्जुन के मन में आप्तजनों के लिए मोह प्रकट हुआ था। उस दिन उन्होंने स्वयं हँसते-हँसते अर्जुन से जो शब्द कहे थे वे याद आए—अर्जुन, जिनका शोक करना उचित नहीं है उनका शोक तुम क्यों करते हो? जो असत्य है वह कभी सत्य नहीं होता और जो सत्य है उसका कभी नाश नहीं होता।

जैसे एक अपूर्व क्षण सरक गया हो, कृष्ण ने देवर्षि नारद के चरणों में पुन: एक बार मस्तक झुकाया, ''आपका कथन सिर-माथे चढ़ाता हूँ, देवर्षि! मेरे मन में प्रकटित उत्ताप की एक रेखा को आपने हलका कर दिया हो, ऐसा मैं अनुभव कर रहा हूँ। आपकी कृपा के लिए मैं उपकृत हूँ।''

नारद ने मंद स्मित के साथ अपना दाहिना हाथ बढ़ाकर कृष्ण के शीर्ष का स्पर्श किया।

देवर्षि नारद की विदाई के पश्चात् कुछ दिनों तक कृष्ण उनके संस्पर्श की

अनुभूति करते रहे। उनके मन में जो विषाद व्याप्त हुआ था उसे जैसे विश्व-वात्सल्य का स्पर्श हुआ हो, ऐसा वे अनुभूत कर रहे थे। कभी ऐसा भी लगता था कि दूसरे ही क्षण यह वात्सल्य उस विषाद की बूँद से पंकिल हो गया है।

गोकुल छोड़ने के क्षण से कृष्ण ने जो कुछ प्राप्त किया था, उसका वितरण ही किया था और इस वितरण के बारे में इससे पूर्व कभी कोई बात उनके मन में नहीं आई थी। विकद्रु ने उन्हें मथुरा त्याग देने के लिए कहा, तब से लेकर पत्नी सत्यभामा की स्यमंतक मणि के स्वामित्व के संदेह तक कृष्ण ने कहीं भी, कभी किसी से कुछ नहीं कहा था। अब इतने लंबे अंतराल के बाद उनके मन में यह सब किस तरह प्रकट हुआ, यह कभी-कभी तो स्वयं कृष्ण को भी समझ में नहीं आता था।

ऐसी द्विधा के बीच समय व्यतीत हो रहा था। तभी अचानक एक दिन—

''श्रीकृष्ण वासुदेव की जय हो!'' सेवक मस्तक झुकाकर खड़ा था।

''क्या बात है, भाई?'' कृष्ण ने पूछा।

''महाराज उग्रसेन एवं अन्य यादव वरिष्ठों ने आपको संदेश भेजा है। सभा में सब आपकी प्रतीक्षा कर रहे हैं।''

कृष्ण को आश्चर्य हुआ। सभा का आरंभ होने में अभी कुछ समय शेष था।

''महाराज ने आज असमय यादव सभा को क्यों एकत्रित किया है?''

''मैं उस विषय में कुछ नहीं जानता, यदुश्रेष्ठ!'' सेवक ने विनम्रतापूर्वक कहा और कक्ष के बाहर जाने के लिए पग उठाए।

: सात :

द्वारका के उस विशाल सभाकक्ष में अग्रगण्य यादव यथास्थान विराजमान थे। एक विशिष्ट स्थान पर वृद्ध, किंतु प्रभावशाली राजा उग्रसेन विराजमान थे। उनके दाहिनी ओर अक्रूर एवं कृतवर्मा ने अपना उचित आसन ग्रहण किया था। बाईं ओर बलराम एवं सात्यकि ने अपना स्थान ग्रहण किया था। अन्य वरिष्ठ एवं कनिष्ठ यादव वीर यथास्थान विराजमान हो चुके थे। सभाकक्ष के मुख्य द्वार पर स्थित दो द्वारपाल कक्ष में प्रवेश कर रहे यादवों को अपने हाथ में धारण किया हुआ भाला हटाकर उचित सम्मान देते थे। कक्ष में वैसे तो शांति व्याप्त थी, किंतु यादव वीरों के चेहरों पर फैले बेचैनी के भाव छिपाए नहीं छिपते थे।

कृष्ण जब इस सभामंडप में प्रविष्ट हुए तब वहाँ बैठे हुए सबकी दृष्टि उन

पर स्थिर हो गई। कहीं-कहीं जो थोड़ी-बहुत कानाफूसी हो रही थी, वह भी बंद हो गई। कृष्ण ने महाराज उग्रसेन के सामने बिछाए हुए आसन पर अपना स्थान ग्रहण किया।

महाराज उग्रसेन ने समग्र यादव सभा को एक दृष्टि देखा। सभा के एक कोने में सारण, सांब इत्यादि यादव कुमार नतमस्तक बैठे थे। कृष्ण ने उनके पीछे बैठे हुए पुत्र प्रद्युम्न एवं अनिरुद्ध की ओर देखा। पिता की दृष्टि का जैसे संकोच हो रहा हो वैसे इन यादव कुमारों ने अपनी दृष्टि नीचे झुका ली। कृष्ण ने दूसरी ओर बैठे पुत्र यशोधर और सुचारु की ओर देखा। आज यादव वीरों के चेहरों पर भी कुछ व्यग्रता व्याप्त थी, यह समझते कृष्ण को देर न लगी।

"महाराज!" कृष्ण ने उग्रसेन के आसन की ओर देखकर मस्तक तनिक झुकाकर प्रणाम किया, "इस यादव सभा को आपने अचानक निर्धारित समय से पहले ही क्यों बुलाया, इस विषय में मेरे मन में प्रश्न उठता है।"

"समग्र यादव परिवार को एक दुर्घटना ने घेर लिया है, श्रीकृष्ण!" महाराज उग्रसेन ने धीरे से कहा।

"ऐसा क्या घटित हुआ है जिससे सात्यकि, ज्येष्ठ भ्राता दाऊ, वीर कृतवर्मा ये सब चिंतातुर हो गए हैं?"

"यह केवल दुर्घटना ही होती तो यादव वीरों ने इसका प्रतिकार किया होता।" बलराम ने कहा, "परंतु यह तो स्वयं-निर्मित दुर्भाग्य की कथा है, कृष्ण! इस दुर्भाग्य से अब यादवों को किस प्रकार सुरक्षित रखा जाए, वही बड़ी समस्या है।"

"आज प्रातः सांब, सारण आदि यादवकुमार द्वारका के दुर्ग के बाहर समुद्र-तट पर विहार के लिए गए थे।" राजा उग्रसेन ने स्पष्ट करते हुए कहा, "समुद्र-तट से थोड़ी दूरी पर तीर्थाटन पर जा रहे महर्षि कश्यप एवं उनके ऋषिगण ने पड़ाव डाला था। सांब इत्यादि यादवकुमारों को एक कुबुद्धि सूझी।"

"कुबुद्धि?" कृष्ण ने सांब की ओर दृष्टि घुमाकर किंचित् ऊँचे स्वर में पूछा।

"हाँ, वह कुबुद्धि ही थी।" उग्रसेन ने एक साँस लेकर कहा, "सांब के पेट पर एक धातुपात्र रखकर उसे गर्भवती स्त्री के वेश में ये कुमार उसे महर्षि कश्यप के पास ले गए और एक अनुचित आचरण किया।"

कृष्ण ने सभी यादवकुमारों पर एक बार दृष्टि फेरी। सांब इन सब कुमारों में सबसे अधिक सुंदर था। अपने इस देह-सौंदर्य का उसे अभिमान भी था। कृष्ण को याद आया, इस सौंदर्य के कारण उसने अतीत में भी कुछ अनुचित व्यवहार किया था। इतने वर्षों के बाद भी सांब ऐसी निरंकुशता से मुक्त नहीं हो सका, यह जानकर

कृष्ण के चेहरे पर करुणा-भाव व्याप्त हो गया।

"महर्षि कश्यप के पास जाकर इन कुमारों ने गर्भवती स्त्रीवेशधारी दिखनेवाले कुमार सांब का परिचय वीर बभ्रु की पत्नी के रूप में कराया और बभ्रु की यह पत्नी गर्भवती है, ऐसा कहकर महर्षि से आशीर्वाद माँगा।" उग्रसेन ने बात आगे बढ़ाते हुए कहा।

"फिर क्या हुआ, महाराज?" कृष्ण ने प्रश्न किया।

"बाद में जो हुआ, वह न हुआ होता तो यादव वंश पर आज यह संकट न आता।" उग्रसेन ने तनिक हताशापूर्ण स्वर में कहा, "महर्षि कश्यप तो त्रिकालदर्शी पुरुष! कुमारों की यह धृष्टता पहचान गए और कुमार सारण ने स्त्री वेशधारी सांब के हितैषी के रूप में महर्षि से पूछा कि हे महर्षि! कृपा करके हमें बताइए कि बभ्रु की इस पत्नी के गर्भ में से पुत्र का जन्म होगा या पुत्री का? सारण के इस प्रश्न में निहित उद्दंडता समझते हुए महर्षि को देर न लगी। यादवकुमारों को महर्षि पहचान गए थे। उन्होंने तुरंत ही कहा कि हे कुमारो! इसके उदर में से जो जन्म लेगा, वह समग्र यादव कुल के संहार का कारण होगा।"

कृष्ण एकचित्त से सुन रहे थे। उनके चेहरे की स्वस्थता तनिक भी विचलित नहीं हुई। उनके मन में माता गांधारी के कहे शब्द मँडराने लगे। उन्हें याद आया, अभी कुछ समय पहले ही मध्य रात्रि में उनके पैरों पर मूषक ने दंश दिया हो, ऐसी अनुभूति उन्हें हुई थी। प्रातःकाल स्वाति नक्षत्र का उल्लंघन करके निकट आ रहे हों, ऐसे दृश्य की रचना करनेवाले आकाशगंगा के दोनों तारे राहु एवं केतु उन्हें याद आए। उनके चेहरे पर करुणा से परिपूर्ण स्मित की एक लकीर अंकित हो गई।

"फिर···फिर क्या हुआ, महाराज? सांब के उदर में से क्या उत्पन्न हुआ?" कृष्ण ने हँसते हुए प्रश्न किया।

"महर्षि के वचनों से भयभीत इन यादवकुमारों ने जब सांब के पेट पर से उस धातुपत्र को हटाया तब उसमें से मूसल के आकार का लोहे का एक टुकड़ा बाहर निकला। इस छोटे से मूसल से कुमार अधिक भयभीत हो गए और इस भयभीत अवस्था में उन्होंने वह मूसल मेरे सामने प्रस्तुत किया और उसके निवारण के लिए प्रार्थना की।" राजा उग्रसेन ने वार्त्ता आगे बढ़ाई।

"महाराज, महर्षि के वचन का निवारण नहीं हो सकता।" कृष्ण ने पूर्ववत् स्वस्थता से कहा, "महर्षि कश्यप तो परम ज्ञानी हैं और फिर त्रिकालद्रष्टा हैं। उनके वचन का स्वीकार करना ही एकमात्र निवारण हो सकता है। यादवकुमारों ने जो बीभत्स कार्य किया है उसकी फल-प्राप्ति तो अवश्य होगी।"

''मैंने उस मूसल का संपूर्ण चूर्ण बनाकर उस चूर्ण को समुद्र में विसर्जित करवा दिया है। अब चूर्ण बन चुका वह मूसल समुद्र के तल में कहीं पड़ा होगा। उससे यादवों पर आपत्ति आने की संभावना कम है।'' उग्रसेन ने अपनी बात समाप्त करते हुए कहा।

''कुमार सांब!'' कृष्ण ने जहाँ सांब बैठा था उस दिशा में चेहरा घुमाकर कहा, ''तुमने ऐसा हीन वर्तन कैसे किया?'' और फिर सारण इत्यादि अन्य कुमारों की ओर देखकर कहा, ''सांब को यदि कुबुद्धि सूझी तो तुम सबने उसे रोका क्यों नहीं? वृष्णि एवं भोजक वंश के तुम उत्तराधिकारी हो। किसी भी तपस्वी ब्राह्मण का सम्मान करना हमारी कुल-परंपरा है। इस कुल-परंपरा का त्याग करके तुम्हारा महर्षि कश्यप के सामने ऐसा अनिष्ट वर्तन करना अक्षम्य है! ऐसा क्यों घटित हुआ?''

यादवकुमार एक क्षण के लिए स्तब्ध हो गए। समग्र सभा में सन्नाटा छा गया। कृष्ण ने बलराम की ओर देखा। बलराम की आँखों में लाली दृष्टिगत हो रही थी, थोड़ी दूरी पर बैठे हुए वरिष्ठ यादव वीर कृतवर्मा के चेहरे पर भी।

कृष्ण के अंतर्मन में एक ध्वनि प्रकट हुई। उन्होंने इस ध्वनि के साथ कुछ निर्णय लेते हुए मन में एक निश्चय किया।

''कुमारो, उत्तर दो!'' कृष्ण ने ऊँचे स्वर में कहा, ''तुममें से किसी के भी मन में ऐसा भाव उत्पन्न नहीं हुआ कि ऐसा हीन कर्म करते हुए हमें रुक जाना चाहिए? तुम सब एक साथ ऐसे अस्वस्थ एवं उन्मादग्रस्त क्यों हो गए?''

यादवकुमारों ने सिर अधिक झुका लिये।

''पिताजी!'' कुमार प्रद्युम्न जैसे सबकी ओर से बोल उठा, ''आप तो जानते ही हैं कि यादवों को मदिरा कितनी प्रिय है!''

कृष्ण ने राजा उग्रसेन की ओर देखा। उग्रसेन की आँखों में सहमतिसूचक भाव था। उनके निकट बैठे हुए संकर्षण बलराम चेहरा ऊपर उठाकर छत की ओर देख रहे थे।

''मदिरा और द्यूत—ये दोनों राजवंशी परिवारों के भूषण नहीं बल्कि दूषण माने जाने चाहिए। द्यूत-प्रीति के कारण ही तो कुरुकुल का संहार हुआ, उस घटना को शायद हम भूल गए हैं। अब यादवों का यह मदिरा-प्रेम हमें कुरुकुल के मार्ग पर ही ले जाए, ऐसी संभावना है।'' कृष्ण ने अल्प कठोरता से कहा।

''आप ही उसका उपाय बताइए, श्रीकृष्ण।'' उग्रसेन ने निर्णय लेने का उत्तरदायित्व कृष्ण पर ही डाल दिया।

कृष्ण जानते थे कि यादव मद्य-प्रेमी थे एवं स्वयं ज्येष्ठ भ्राता बलराम तो

अपनी इस प्रीति के लिए सुप्रसिद्ध थे। इससे पूर्व कृष्ण ने बलराम सहित अन्य यादवों के समक्ष उनके इस मद्य-प्रेम के लिए अप्रसन्नता व्यक्त की थी। परंतु किसी भी यादव ने कृष्ण की अप्रसन्नता पर ध्यान नहीं दिया था। पिछले कुछ समय से यादवों के मद्य-प्रेम ने मर्यादा एवं अनुशासन के सामान्य प्रमाणों का भी उल्लंघन किया है, ऐसा कृष्ण निरंतर महसूस कर रहे थे। कुछ समय से उनका मन इसमें से उबरने के विषय में तीव्रता से सोच रहा था। कुमार सांब एवं अन्य सभी ने अधिक मात्रा में मदिरा का सेवन करके स्वस्थता गँवा दी थी और ऐसी भ्रमित अवस्था में समग्र कुल के संहार का निमित्त बने थे। अब विनाश अनिवार्य था। कृष्ण जानते थे कि वैसे भी अब माता गांधारी का दिया शाप चरितार्थ होने जा रहा है। उस क्षण को गौरवान्वित करने के बदले यादवों ने मदिरा के प्रभाव में आकर इस गौरव को भी शापित कर दिया था। युधिष्ठिर की प्रीति यदि द्यूत में न होती तो आर्यावर्त्त में भीष्म, द्रोण, कर्ण या दुर्योधन जैसे समर्थ सेनानी कैसा इतिहास रच सके होते, यह कल्पना करते हुए कृष्ण का मन विषादपूर्ण हो गया। यादवों का यह मदिरा-प्रेम भी···

कृष्ण सोच रहे थे, समग्र यादव वीर इस क्षण महर्षि कश्यप के शाप से व्यग्र हैं। इस व्यग्रता का लाभ उठाकर यादवों को अधिक अवनति से उबारने का एक और प्रयत्न किया जा सकता है। कृष्ण ने सोचा।

''महाराज!'' कृष्ण ने कुछ घोषणा करते हुए विनम्रतापूर्वक कहा, ''यादवों की इस दुर्बुद्धि का मूल कारण उनका मद्य-प्रेम है। यदि यादवकुमारों ने मदिरा सेवन न किया होता तो आज हम सबको इस संकट का सामना न करना पड़ता। जो मदिरा समग्र कुल को संहार की ओर ले जाय उस मदिरा का यदि द्वारका में निषेध किया जाए तो जो हानि हो चुकी है उसकी भरपाई तो नहीं की जा सकती, किंतु अधिक अवनति से अवश्य बचा जा सकता है। मैं महाराज से प्रार्थना करता हूँ कि वे द्वारका में मद्य-निषेध की घोषणा करें।''

''श्रीकृष्ण की बात सही है।'' उग्रसेन ने कहा, ''परंतु यादव गणतंत्र की परंपरा के अनुसार अन्य वरिष्ठ यादवों का सहमति प्रकट करना अनिवार्य है।''

''उस परंपरा का मूल्य निर्वाह होना ही चाहिए, महाराज!'' कृष्ण ने कहा, ''यहाँ उपस्थित वरिष्ठ यादव यदि मद्य-निषेध के प्रश्न पर अब असहमत होंगे तो वे भी अल्पाधिक आगामी अवनति के लिए उत्तरदायी होंगे। मदिरा के कारण ही इन यादवकुमारों ने विनाश को आमंत्रित किया है। अब यदि अधिक विनाश···''

''नहीं!'' सबसे पहले सात्यकि ने खड़े होकर कहा, ''अब महाराज उग्रसेन

द्वारका में मद्य-निषेध करें, यही उचित है।''

''सात्यकि के कथन का मैं भी समर्थन करता हूँ।'' वृद्ध यादव अक्रूर ने भी सहमति दी।

''मैं मानता हूँ कि यह समग्र यादव सभा सात्यकि एवं अक्रूर की सहमति को स्वीकार करेगी।'' कृष्ण ने एक सरसरी दृष्टि बलराम से मिलाकर शीघ्रता से कहा।

एक क्षण के लिए सभा में शांति छा गई। कुछ यादवों ने परस्पर दृष्टि मिलाईं। कुछ लोगों ने बलराम की ओर देखा, किंतु बलराम तो आकाश में कहीं गहराई से देख रहे थे।

कृष्ण तो बस इतना ही चाहते थे। उन्होंने उग्रसेन से कहा, ''महाराज! यादव गणतंत्र की परंपरा का यथोचित पालन हो चुका है। आप इस क्षण से ही द्वारका में मद्य-निषेध की घोषणा कीजिए।''

महाराज उग्रसेन ने कृष्ण की बात को स्वीकार करते हुए घोषणा की, ''हे यादव वीरो! द्वारका की इस भूमि में आज से, इस क्षण से ही मदिरापान त्याज्य माना जाए। कोई भी यादव इसके पश्चात् मदिरापान नहीं करेगा। मदिरापान करना राजाज्ञा का उल्लंघन माना जाएगा और उसका सेवन करनेवाले पर यह गण परिषद् योग्य शिक्षात्मक काररवाई करेगी।''

राजा उग्रसेन की यह घोषणा सभाकक्ष की दीवारों पर प्रतिध्वनित हुई। नतमस्तक होकर इस घोषणा के शब्दों को सुन रहे यादव सदस्यों ने कोई प्रतिक्रिया प्रकट नहीं की। बलराम अपने आसन पर से उठ गए थे। कृष्ण बड़े भैया की इस हलचल को अनदेखा करके दूसरी दिशा में देखने लगे।

सांब, सारण एवं अन्य यादवकुमार अपराध-बोध से सकुचा गए।

''यह महर्षि कश्यप के शाप का निवारण नहीं है, महाराज!'' कृष्ण ने समग्र सभाकक्ष में ध्वनित हो, ऐसा उच्चारण करते हुए कहा, ''यह तो दुर्व्यवहार का सज्जनोचित प्रायश्चित्त है और इस प्रायश्चित्त से बचने की कोई भी मनोवृत्ति यादवों को अधिक अवनति की ओर ले जाएगी, इस परम सत्य का हम सबको लक्ष्य रखना है। इस सत्य का साथ जब तक बना रहेगा तब तक स्थूल विनाश भी यादवों को कलंकित होने से अवश्य बचा लेगा। विनाश का भय नहीं होना चाहिए; भय अनुचित एवं अधर्म्य व्यवहार का होना चाहिए।'' इतना कहकर कृष्ण शांत हो गए।

महाराज उग्रसेन ने सभा-विसर्जन का संकेत किया।

: आठ :

द्वारका में मद्य-निषेध की घोषणा तो कर दी गई, किंतु यादव वीरों ने इस घोषणा को मन-ही-मन स्वीकार नहीं किया था। सात्यकि और अक्रूर के समर्थन को सामान्य समर्थन के रूप में स्वीकार कर कृष्ण ने महाराज उग्रसेन से इसकी घोषणा करवा दी थी। बलराम सहित यादवकुमारों के लिए इस घोषणा को स्वीकार करना अति दुष्कर कार्य था। यादव सभा में कुछ ऐसी परिस्थिति निर्मित हुई थी कि यादवकुमारों के लिए विरोध करना संभव ही नहीं था। कृष्ण ने जब सात्यकि एवं अक्रूर के द्वारा समर्थन प्राप्त कर लिया तब उस प्रस्ताव का विरोध करने तथा अपनी मनोभावनाओं को वाणी देने के लिए यादव वीरों ने बलराम की ओर दृष्टि स्थिर की। बलराम भी जानते थे कि इस दृष्टि का अर्थ क्या है। परंतु सांब के पेट से उत्पन्न मूसल से सब इतने भयभीत थे कि स्वयं बलराम के लिए भी इस प्रस्ताव का प्रत्यक्ष विरोध करना अति दुष्कर था। ये सब मन-ही-मन अच्छी तरह से जानते थे कि इस क्षण मद्य-निषेध के प्रस्ताव का विरोध करना कृष्ण एवं राजा उग्रसेन दोनों के रोष का भागी बनना है। सांब एवं अन्य सभी यादवकुमार अपराधी तो थे ही और इस अपराध-भावना ने उन्हें तात्कालिक रूप से मौन रहने के लिए विवश किया था। यादव ज्येष्ठ बलराम का मदिरा-प्रेम सभी जानते थे। अब यदि स्वयं बलराम भी मूक रहकर इसको स्वीकार करते हैं तो अन्य के लिए इसको अस्वीकार करना संभव ही नहीं था।

परंतु पिछले कई दिनों से इन यादव वीरों के पास कोई उद्देश्यपूर्ण काम नहीं था। कृष्ण, सात्यकि, कृतवर्मा, बलराम इत्यादि प्रचंड व्यक्तित्वों की सुरक्षा में द्वारका संपूर्ण रक्षित थी। इतना ही नहीं, कुरुक्षेत्र के महासंहार के पश्चात् आर्यावर्त्त में सम्राट् के रूप में युधिष्ठिर सर्वस्वीकृत हो चुके थे। जरासंध, भौमासुर, शिशुपाल, रुक्मी एवं पौंड्रक जैसे निषेधात्मक तत्त्वों को तो पहले ही समाप्त कर दिया गया था। सिंधु के उस पार से उद्भावित कालयवन जैसे अशांतिमूलक तत्त्वों को भी कृष्ण ने नष्ट कर दिया था। फलस्वरूप युधिष्ठिर के राज्यारोहण के बाद का दीर्घ समय का अंतराल शांति का युग था और इस शांति के कारण ही द्वारका के यादव प्राय: निष्क्रिय बन चुके थे।

निष्क्रियता के इस काल में यादवों के लिए समय व्यतीत करने का सरल और उपलब्ध साधन मद्यपान था।

मद्यपान से जो उत्तेजना उत्पन्न होती उसका शमन यादव मृगया द्वारा करते

या नृत्य इत्यादि स्थूल मनोरंजन में उनका समय व्यतीत होता। प्रांगण में प्रकटित यज्ञवेदी की धूम-पंक्ति प्रतिदिन प्रात:काल द्वारका के आकाश में वलयों की सूचना देती। कुछ एक यादव वीरों के महालयों में जो प्रात:कर्म होते उनके मंत्रोच्चार भी द्वारका के वातावरण में देर तक गूँजते रहते।

मद्य-निषेध की घोषणा के बाद कुछ दिन यादवों ने प्रच्छन्न व्यग्रता में व्यतीत किए। सबकी दृष्टि बलराम पर थी और बलराम मद्यपान के बिना एक दिन भी नहीं रह सकते, यह यादवकुमार समझते थे। अपने इस मनोगत को अन्यों से छिपाकर ये सब बलराम के व्यवहार का निरीक्षण कर रहे थे। बलराम भी इस परिस्थिति को पूर्णत: जानते थे। वे स्वयं यादव सभा में मद्य-निषेध के प्रस्ताव का विरोध नहीं कर सके थे, किंतु यह भी जानते थे कि मद्यपान के बिना वे नहीं रह सकते। उस दिन यादव सभा से अपने महालय में वापस लौटकर बलराम ने इस व्यग्रता एवं मानसिक उत्तेजना का शमन करने के लिए देर रात तक अपने कक्ष में बैठकर मदिरापान किया था। यादव सभा की घोषणा के अनुसार यह अपराध है—यह जानते हुए भी बलराम के लिए इस घोषणा का अनुसरण करना असंभव था।

घोषणा की बात बलराम की पत्नी रेवती के कानों तक भी पहुँच गई थी। फिर भी पति को मदिरापान करते हुए देखकर रेवती ने कहा, ''संकर्षण, राजसभा की घोषणा आपकी उपस्थिति में ही हुई है। आप भी इस घोषणा का एक अंश हैं।''

बलराम ने हाथ के मदिरा पात्र को होंठों से लगाकर घूँट भरते हुए पत्नी की ओर देखा और फिर बेपरवाही से कहा, ''राजसभा की वह घोषणा महालयों के निजी कक्ष को नहीं छू सकती। वह घोषणा तो द्वारका के सार्वजनिक स्थानों के लिए है। आज के बाद यादव द्वारका के राजमार्गों पर, उद्यानों में, खेलकूद के मैदानों में या समुद्र-तट पर मद्यपान नहीं कर सकेंगे।''

''स्वामी, यह अर्थ-विधान राजसभा का है या हलधर का है? संकर्षण बलराम जो अर्थ-विधान करते हैं उसको यादव सभा स्वीकार नहीं कर सकेगी तो मुझे आशंका है कि यह घोषणा व्यर्थ का व्यायाम हो जाएगी। आप इस घोषणा को कार्यान्वित करना चाहते हैं या उसमें से कोई मार्ग खोजना चाहते हैं?'' रेवती ने पति से चोटदार प्रश्न किया।

बलराम एक क्षण देखते रहे और फिर मदिरा पात्र रिक्त करके नीचे रख दिया। रेवती ने पति के इस मौन को देखा और एक बार फिर पूछा, ''आपने मेरे प्रश्न का उत्तर नहीं दिया, स्वामी!''

बलराम ने रिक्त मदिरा पात्र को फिर एक बार मदिरा से भर दिया और होंठों

से लगाकर एक घूँट भरते हुए कहा, ''रेवती, तुम अनावश्यक प्रश्न करती हो! भूल गईं—विदुषी गार्गी भी जब महर्षि याज्ञवल्क्य से अनावश्यक प्रश्न करती थीं तब महर्षि ने जो कहा था वही मुझे तुमसे कहना है—ऐसे अतिप्रश्न से मस्तक चूर-चूर हो जाता है।''

रेवती शांत हो गई। अब अधिक प्रश्न का अवकाश नहीं था।

समुद्र-तट पर एकत्र यादवकुमार आज बहुत खिन्न लग रहे थे। आकाश तो वही था। गर्जना करते समुद्र की तरंगें भी वही थीं और पश्चिम की ओर से बहने वाली हवा भी वही थी। फिर भी इन यादवों को आज सबकुछ बदला-बदला एवं निरर्थक-सा लगता था।

''कुमार सांब!'' कुमार सुचारु ने मौन भंग करके जैसे बोझ हलका किया, ''आज महर्षि कश्यप भी नहीं हैं और मदिरापान भी नहीं है। कहिए, अब क्या सुझा रहे हैं?''

''हम सब में ज्येष्ठ भ्राता प्रद्युम्न हैं।'' सांब ने प्रद्युम्न को सामने देखकर कहा, ''तुम अपने प्रश्न का उत्तर इन ज्येष्ठ भ्राता से ही प्राप्त कर लो।''

''जो प्रश्न तुमने स्वयं ही पैदा किया है उस प्रश्न के उत्तर के लिए तुम्हें स्वयं ही परिश्रम करना पड़ेगा, सांब!'' कुमार प्रद्युम्न ने कहा, ''महर्षि कश्यप के पास जब तुम गए तब मैं वहाँ उपस्थित नहीं था।''

''ज्येष्ठ भ्राता, उस प्रकरण में आपकी उपस्थिति नहीं थी, किंतु राजसभा में जब महाराज उग्रसेन ने मद्य-निषेध की घोषणा की तब तो आप और ज्येष्ठ पिताश्री संकर्षण बलराम भी उपस्थित थे।'' सांब ने प्रद्युम्न को याद दिलाया।

''राजसभा में तुम सबने यदुकुल के विनाश का जो भय पैदा किया था उस भय का प्राधान्य था। भय के आश्रय तले मद्य-निषेध का निर्णय लिया गया था।'' प्रद्युम्न ने जैसे बचाव करते हुए कहा।

''उसका अर्थ तो यह हुआ कि भय के आश्रय तले जो भी घोषणा की गई है, वह विवेकतः हुई है, ऐसा नहीं कहा जा सकता।'' एक यादवकुमार ने तर्कपूर्ण प्रस्तुति की।

''और जो धर्मानुसार नहीं होता उसके अनुसरण के लिए आग्रह भी नहीं किया जा सकता।'' एक अन्य यादवकुमार ने उत्साहपूर्वक इस बात का अनुमोदन किया।

''परंतु उसका प्रारंभ हम सबके पूज्य ज्येष्ठ पिताश्री बलराम पर अवलंबित है।'' सांब ने व्यावहारिक नीति का सहारा लिया।

''हमें इस विषय में पिताश्री के अभिप्राय का नहीं, ज्येष्ठ पिताश्री का अनुसरण करना चाहिए।''

कुछ क्षणों पहले का बोझिल वातावरण अचानक हलका हो गया। अब तक अभेद्य प्रतीत होनेवाली मद्य-निषेध की इस घोषणा में से भी मार्ग निकल सकता है, इस विचार मात्र से सभी मद्य-प्रेमी उत्साहित हो गए।

सभी में व्याप्त इस उत्साह को प्रतिबिंबित करते हुए प्रद्युम्न ने कहा, ''सांब की बात में सच्चाई है। हम सबको इस धर्म और विवेक का तर्क ज्येष्ठ पिताश्री के सम्मुख प्रस्तुत करना चाहिए। उनके समर्थन के बिना यदि हम एकतरफा कुछ भी करेंगे तो पिताश्री अप्रसन्न होंगे एवं उनकी अप्रसन्नता का प्रतिकार हम नहीं कर सकेंगे।''

''तो फिर हमें उनके आवास पर जाकर उनके समक्ष इस घोषणा में जो त्रुटि है...''

''त्रुटि?'' एक यादवकुमार ने सहसा प्रश्न किया।

''हाँ, हमने अभी देखा, उसके अनुसार यदि यह घोषणा भय के आश्रय तले की गई हो और इसी के आश्रय में यदि ज्येष्ठ यादव सात्यकि एवं अक्रूर ने उसका समर्थन किया हो तो हमें महाराज उग्रसेन को इस घोषणा की क्षति के बारे में सजग करना चाहिए।''

''तुम क्या यह समझते हो कि हमारा तर्क स्वीकार कर महाराज उग्रसेन इस घोषणा को निरर्थक मानने की प्रतिघोषणा करेंगे?'' किसी ने नई समस्या प्रस्तुत की।

''इन सब समस्याओं का निवारण ज्येष्ठ पिताश्री बलराम ही कर सकेंगे। हमें तो बस इस घोषणा में जो त्रुटि है उस ओर उनका ध्यान आकर्षित करके अंतिम निर्णय के लिए उनसे निवेदन करना है।'' कुमार प्रद्युम्न ने विवाद पर पूर्णविराम रखते हुए कहा।

तत्पश्चात् बलराम के पास यह बात कौन किस प्रकार प्रस्तुत करेगा, उसके बारे में सबके बीच विचार-विमर्श होने लगा।

''ज्येष्ठ पिताश्री को सांब पर विशेष ममता है।'' सुचारु ने कहा।

''स्वाभाविक है। सांब का मद्य-प्रेम...'' एक ने कहा।

''और नर्तन-प्रेम भी तो है।'' दूसरे ने पूर्ति की।

''केवल मद्य एवं नर्तन ही या फिर तीसरा भी कोई प्रेम?'' तीसरे यादव कुमार ने सांब की ओर देखकर कटाक्ष किया।

"तुम सब मेरा अपमान कर रहे हो।" सांब क्रुद्ध हो उठा। उसने उग्रतापूर्वक कहा, "मुझ पर जो आरोपण हो रहा है, वह केवल मेरे अकेले की विशेषता नहीं है। महर्षि कश्यप के पास जाते समय तुम सब भी उससे संबद्ध थे।"

"हाँ, किंतु विनाश के शाप का उत्तरदायित्व तो भ्राता सांब, आपको ही स्वीकारना होगा।"

"तुम सब मृत्यु के भय से कंपित हो उठे हो। महर्षि कश्यप का शाप तो निमित्त है। मृत्यु तो अवश्यंभावी है—उस सत्य को क्या तुम नहीं जानते?"

"हाँ, परंतु उस मृत्यु को सार्वत्रिक विनाश के स्वरूप में समग्र यादव कुल को स्वीकार करना पड़े, उसका अपयश तो सांब के सिर पर ही रहेगा।" एक यादव कुमार ने कहा।

"बंद करो यह बकवास!" सांब रोषपूर्वक खड़ा हो गया, "तुम सब दुर्बल और भीरु हो। आनंद-प्रमोद में तुम्हें सहभागी होना है, किंतु उसके परिणामों से मुक्त रहना है। मैं तुम्हें धिक्कारता हूँ!"

"जिह्वा सँभालकर बोलो, सांब!" एक अन्य यादवकुमार ने उग्रतापूर्वक कहा, "हम सब को दुर्बल एवं भीरु कहनेवाले तुम…"

"शांत हो जाइए भाइयो, शांत हो जाइए।" प्रद्युम्न ने कहा। अपने दोनों हाथ फैलाकर उसने मूल बात से मुड़कर रोष के मार्ग पर घिसटते हुए यादवों को रोका, "तुम सब भूल जाते हो कि हमारी तात्कालिक समस्या महर्षि कश्यप का शाप नहीं बल्कि महाराज उग्रसेन की मद्य-निषेध की घोषणा है।"

श्रीकृष्ण के ज्येष्ठ पुत्र प्रद्युम्न ने जब इन शब्दों का उच्चारण किया तब द्वारका की पश्चिम दिशा में अंजलि भर-भरकर अर्घ्य दे रही समुद्र की तरंगें भी एक क्षण के लिए स्तब्ध हो गईं। जिस स्थल पर सांब के पेट से जनमे हुए मूसल को चूर्ण बनाकर समुद्र में फेंका गया था उस स्थल का जल मानो विषादपूर्ण संगीत को फैला रहा हो, किंतु किनारे से टकराकर शांत हो गया। इस क्षण यादवकुमारों को सर्वविनाश का महाशाप तुच्छ लग रहा था और मद्य-निषेध की घोषणा अधिक कष्टप्रद लग रही थी।

"भ्राता प्रद्युम्न सच ही कहते हैं।" सुचारु ने सांब का हाथ पकड़कर कहा, "इस क्षण हम सबके लिए जो विचारणीय है वह इस घोषणा का प्रतिकार है।"

"मैं ऐसा सुझाव देता हूँ कि भ्राता सांब स्वयं ही ज्येष्ठ पिताश्री के आवास पर जाकर सर्वप्रथम उनका मनोगत जानने का प्रयास करें। संभव है कि स्वयं ज्येष्ठ पिताश्री भी इस विषय में कुछ सोच रहे हों।" एक ने सूचना दी।

''भ्राता सांब यदि अकेले ही जाएँगे तो उनके आवागमन के बारे में किसी को भी आशंका हो सकती है।'' एक अन्य कुमार ने कहा।

''मुझे भी ऐसा ही लगता है। भ्राता सांब अकेले जाने के बदले उनकी पसंद के दो-तीन साथियों को लेकर साँझ ढलते ही ज्येष्ठ पिताश्री के आवास पर उनके क्षेम-कुशल पूछने के निमित्त पहुँच जाएँ।'' तीसरे कुमार ने बात स्पष्ट की।

''ठीक है।'' सांब ने इस प्रस्ताव को स्वीकार करते हुए कहा, ''मैं अपने साथ भ्राता सारण एवं कुमार यशोधर को ले जाऊँगा।''

''कुमार सारण और कुमार यशोधर!'' प्रद्युम्न ने उन दोनों कुमारों की ओर देखकर पूछा, ''तुम दोनों भ्राता सांब के साथ जाना स्वीकार करते हो?''

''हाँ, हमें यह स्वीकार्य है।'' सारण और यशोधर ने एक साथ कहा।

साँझ ढलते ही तीनों राजकुमार दबे पाँव बलराम के आवास की ओर जा रहे थे। रात के पहले प्रहर के आरंभ की सूचना देनेवाली ध्वनि द्वारका के दुर्ग से थोड़ी देर पहले ही फैल चुकी थी। महालयों के प्रवेश-द्वारों के पास मशाल प्रज्वलित हो चुकी थीं। द्वारका की बाह्य सीमा पर गया हुआ गोधन वापस लौट चुका था और सायंकाल की वायु में गायों के पगों से उठी धूलि का हौले-हौले शमन हो रहा था। मंदिरों की संध्या-आरती की झंकार कहीं-कहीं सुनाई देने लगी थी।

सांब, सारण एवं यशोधर—तीनों बलराम के महालय के पास आकर रुक गए। बाहर नियुक्त द्वारपाल ने उन्हें देखा। द्वारपाल को तनिक आश्चर्य हुआ। अश्व या रथ के विनियोग के बिना पैदल आ रहे राजकुमारों को देख उसके मन में प्रश्न उठा।

''कुमारों का स्वागत हो!'' द्वारपाल ने तीनों का सत्कार करते हुए हाथ का शस्त्र झुका दिया।

''ज्येष्ठ पिताश्री को हमारा प्रणाम कहो।'' सांब ने तनिक अधिकारपूर्ण स्वर में कहा।

''महाराज इसी समय उद्यान की ओर गए हैं।'' द्वारपाल ने कहा, ''वैसे तो अकेले ही हैं, परंतु...'' द्वारपाल ने सूचित रूप से वाक्य अपूर्ण रखा।

''परंतु क्या, द्वारपाल?'' सांब ने तनिक निकट जाकर पूछा।

''आप तो जानते ही हैं, कुमार।'' द्वारपाल ने धीरे से कहा, ''महाराज की मद्य-निषेध की घोषणा...''

''उस घोषणा का क्या है?'' सारण ने धीरे से पूछा और सांब की ओर देखा।

''यदुवीर संकर्षण बलराम उस घोषणा से व्यथित हैं।'' द्वारपाल ने जानकारी दी।

यह जानकारी इन तीनों कुमारों के लिए अति मनभावन थी।

''इस समय उद्यान में भी इस व्यथा को कम करने के लिए महाराज बलराम अपनी पसंद की मदिरा के साथ समय व्यतीत कर रहे हैं। संभव है, आप सब उनके दर्शन से वंचित रहें।'' द्वारपाल ने परिस्थिति स्पष्ट की।

द्वारपाल द्वारा दी हुई जानकारी सांब एवं सारण दोनों के लिए नितांत अप्रत्याशित थी। सांब के चेहरे पर एक क्षण में कुछ अभिनव गणना आरंभ हो गई। उसने सारण की ओर देखा। सारण ने कुछ बोलने के लिए होंठ फड़फड़ाए, किंतु सांब ने तुरंत उसे रोका और द्वारपाल की ओर देखकर कहा, ''रहने दो द्वारपाल, ऐसे समय मिलकर ज्येष्ठ पिताश्री को अधिक व्यथित नहीं करना है। उन्हें हमारा प्रणाम कह देना।''

: नौ :

सारण सांब का यह व्यवहार समझ न सका। बलराम से मिलकर जो बात करनी थी, वह बात किए बिना ही इस तरह वापस लौट जाने की सांब की उतावली वह समझ न सका। जो जानकारी द्वारपाल ने दी थी वह उत्तेजक थी। उसने पुनः कुछ कहने के लिए सांब की ओर देखा और होंठ फड़फड़ाए। सारण के मन में जो उधेड़-बुन चल रही थी उससे सांब अनभिज्ञ नहीं था। सारण कुछ बोले, उससे पूर्व उसने ही सारण का हाथ पकड़कर द्वारपाल की विपरीत दिशा में पग बढ़ाए।

''सारण!'' सांब ने अपने मन में प्रकटित उत्साह को व्यक्त किए बिना धीरे से कहा, ''अब ज्येष्ठ पिताश्री से मिलकर पूछने जैसा कुछ नहीं रहा।''

''मैं तुम्हारी बात समझा नहीं, सांब।'' सारण ने कहा, ''यदि स्वयं ज्येष्ठ पिताश्री मद्यपान कर रहे हों तो…''

''तो हमारे लिए अब यह घोषणा शिथिल हो जाएगी।'' सांब ने सारण के कान के पास झुककर धीरे से कहा, ''अब अनुज्ञा की आवश्यकता नहीं। जिस प्रकार ज्येष्ठ पिताश्री इस घोषणा को स्वीकार कर रहे हैं उसी प्रकार हम भी…''

सारण के लिए सांब की यह बात नितांत नई थी। उसने इस प्रकार से तो सोचा ही नहीं था। उसमें सांब के प्रति प्रशंसा का भाव प्रकट हुआ।

''जिस प्रकार ज्येष्ठ पिताश्री अपने महालय में इस घोषणा के विपरीत

व्यवहार करते हैं उसी प्रकार हम भी···'' सारण ने कहा।

''नहीं, उस प्रकार नहीं।'' सांब बोला, ''यह मद्य-निषेध महाराज उग्रसेन ने द्वारका के लिए घोषित किया है। हम द्वारका के दुर्ग के बाहर कुछ भी करें, उस पर यह घोषणा लागू नहीं हो सकती।'' सांब ने मधुर स्मित करके कहा।

निकट स्थित अश्वशाला में कोई अश्व हिनहिनाया। दूर से किसी श्वान के भौंकने का स्वर सुनाई दिया। गोधूलि के रजकण अब एकदम शांत हो गए थे। बचा-खुचा उजाला अदृश्य हो गया एवं अंधकार बढ़ने लगा।

''किंतु यदि पिताश्री को इस गुप्त व्यवस्था का पता चलेगा तो उनका रोष सहना पड़ेगा।'' सारण ने आशंका व्यक्त की।

''तुम्हारी आशंका सही है।'' सांब ने कहा, ''किंतु हमारे इस अपराध से ज्येष्ठ पिताश्री का अपराध अधिक गंभीर माना जाएगा और उस गांभीर्य के आश्रय में हम कम अपराधी माने जाएँगे। इस संभावना को लक्ष्य में रखकर ही मैंने उनसे मिलना स्थगित कर दिया है।''

''तुम जो कहते हो उसमें मुझे बड़े भैया प्रद्युम्न का सहयोग प्राप्त होगा या नहीं, उसकी चिंता है। हम सब में कुमार प्रद्युम्न पिताश्री को अधिक प्रिय हैं।''

''मुझे उसकी जानकारी है। पर पिताश्री को कुमार प्रद्युम्न के लिए जितना प्रेम है उतना ही प्रेम कुमार प्रद्युम्न को मदिरा के लिए है। पिताश्री उनकी प्रीति की रक्षा करेंगे एवं भ्राता प्रद्युम्न अपनी प्रीति की।'' सांब ने हँसते हुए कहा।

दोनों तीव्र पगों से आगे बढ़ गए। मार्ग में दोनों दिशाओं में प्रकटित मशालें गहराते अंधकार का निर्मूलन करने का असफल प्रयास कर रही थीं।

अगले दिन द्वारका के दुर्ग के बाहर एकत्र यादवकुमारों को सांब से इस तथ्य की ब्यौरेवार जानकारी मिली, तब सबके मन आनंदित हो गए। अपनी गुप्त योजना इन सबको समझाते हुए सांब ने कहा, ''महाराज उग्रसेन की घोषणा का उल्लंघन हम नहीं कर सकते। इस घोषणा के शब्द हमें याद रखने हैं। महाराज ने मद्य-निषेध के लिए द्वारकापुरी को सीमाबद्ध किया है।''

''अर्थात्?'' एक साथ दो-तीन कुमार बोल उठे।

''अर्थात् द्वारका के दुर्ग के बाहर मद्य-निषेध की घोषणा अनिवार्य नहीं है। इस समय हम सब दुर्ग के बाहर हैं।'' सांब की यह सूचना सुनकर उपस्थित कुमारों के चेहरों पर उत्तेजना फैल गई। कुछ कुमारों ने तो सांब की पीठ थपथपाई।

''अद्भुत! यह घोषणा-पत्र धर्मविहित तो नहीं ही है। हमने कल ही इस विषय पर चर्चा की थी। उसे सही अर्थ में यादव-सभा का समर्थन प्राप्त नहीं हुआ

है।'' एक ने कहा।

''और इसलिए अब द्वारकापुरी की सीमा के बाहर इस घोषणा का पालन अनिवार्य नहीं है।'' दूसरे ने कहा।

निरभ्र आकाश में प्रकाशित सूर्य की किरणें मंद पड़ गईं। पता नहीं कहाँ से एक श्याम एवं घने बादल ने वेग से आकर सूर्य को आच्छादित कर दिया। दूर से दृश्यमान रैवतक पर्वतमाला की तलहटी में चरती हुई गायें अचानक रँभाने लगीं।

''इसके लिए आज हम सब समुद्र-तट के उत्तर में स्थित वृक्षाच्छादित स्थान को पसंद करेंगे। वह वृक्षाच्छादित स्थान ऊँची पहाड़ियों से घिरा हुआ है तथा निर्जन भी है, अतः किसी को दिखाई देने की संभावना नहीं है।'' सारण ने प्रस्ताव रखा।

सारण के प्रस्ताव को स्वीकार करते हुए सभी कुमारों ने आनंदोद्गार किया।

''कुमारो, तुम सब एक बात भूल जाते हो।'' ज्येष्ठ कुमार प्रद्युम्न का गंभीर स्वर हवा में फैल गया।

स्वर की दिशा में सबने चेहरा घुमाकर देखा। प्रद्युम्न के चेहरे पर एक स्पष्ट प्रश्नचिह्न दृष्टिगत हो रहा था।

''मद्य-निषेध की यह घोषणा भले यादव सभा के समर्थन से महाराज उग्रसेन ने की हो, किंतु वास्तव में यह घोषणा पिताश्री की इच्छा की ही पूर्ति है। हम सब घोषणा-पत्र के जिन तर्कबद्ध अर्थों का चयन कर रहे हैं, वे तर्क पिताश्री की इच्छा के सामने टिक नहीं पाएँगे। पिताश्री को जब इस बात की जानकारी मिलेगी तब...'' प्रद्युम्न ने कहा।

''तब हम पिताश्री के समक्ष ज्येष्ठ पिताश्री की अर्थच्छाया रख देंगे।'' प्रद्युम्न की बात को बीच में ही काटते हुए सांब ने कहा।

''सांब की बात में तथ्य है।'' सारण ने उसका अनुमोदन किया।

''जिस दिन हमारे मद्यपान का यह तर्क पिताश्री स्वीकार नहीं करेंगे उस दिन हम ज्येष्ठ पिताश्री बलराम का समर्थन प्राप्त करेंगे एवं पिताश्री अपने उन ज्येष्ठ भ्राता के समक्ष विवश हो जाएँगे।''

''और यह चिंता ही हमारा प्रमोद बन जाएगी।'' एक अन्य कुमार ने उत्साहपूर्वक कहा।

कुमार प्रद्युम्न एक क्षण के लिए सोच में पड़ गया। सांब व सारण इत्यादि के तर्क में उसे किसी षड्यंत्र की दुर्गंध महसूस हुई। वह इस कथन को तुरंत स्वीकार नहीं कर सका। परंतु उसको अस्वीकार करने के लिए उसके पास तत्काल पर्याप्त भूमिका नहीं थी। वह शांत हो गया।

प्रद्युम्न के इस मौन को उसकी भी सम्मति मानकर सभी कुमारों ने उत्तर दिशा स्थित निर्जन वन की ओर दौड़ लगाई। तनिक पीछे रह गए प्रद्युम्न ने द्वारका के दुर्ग की ओर दृष्टि स्थिर की। दुर्ग पर फहराते ध्वज की ओर वह देखता रहा। अधिक समय तक वह दृष्टि स्थिर नहीं रख सका। शीघ्रता से दृष्टि नीचे झुकाकर उसने आगे जा रहे अन्य कुमारों के बीच पड़ गई दूरी को कम करने के लिए अधिक गति से दौड़ लगाई।

पिछले कुछ समय से कृष्ण को एक बात समझ में नहीं आ रही थी। आजकल ज्येष्ठ भ्राता बलराम का यादव सभा में आगमन अनियमित हो गया था। वे अधिकतर सभा के नियत समय से काफी देर से आते एवं प्रायः सभा की समाप्ति घोषित होने से पूर्व ही उठकर चले जाते। यदि कभी सभा-समाप्ति के क्षण तक रुकते भी तो जैसे ही सभा-समाप्ति की घोषणा की जाती, वे किसी के साथ कुछ भी संवाद किए बिना तुरंत ही चले जाते। बीच में एक-दो बार कृष्ण ने उनके आवास पर जाकर उनसे मिलने का प्रयास किया, तब वे अधिक चिंतित हो उठे। ज्येष्ठ भ्राता बलराम निद्राधीन हो गए हैं या फिर समुद्र-तट के आश्रम में दर्शनार्थ गए हैं, द्वारपाल से ऐसे कारण जानकर वे आश्चर्यचकित एवं चिंतित हो उठे। इतना ही नहीं, कृष्ण जिस दिन बलराम के आवास पर गए हों उसके अगले दिन बलराम उन्हें अपनी अनुपस्थिति के बारे में सभा में कोई संकेत भी नहीं देते थे। कृष्ण को बलराम का यह व्यवहार रहस्यमय लग रहा था। इससे पूर्व ऐसा कभी नहीं हुआ था।

कृष्ण के आगमन के बारे में बलराम अनभिज्ञ थे, ऐसा भी नहीं था। उन्हें कृष्ण के आगमन की आशंका थी ही, अतः उन्होंने द्वारपाल को निश्चित संकेत दे रखा था। मद्य-निषेध की घोषणा के पश्चात् प्रायः बलराम, उनके आवास पर कोई पूर्वनिर्धारण के बिना आ न पहुँचे, इसकी भी कड़ी निगरानी रखते थे। वे घोषणा को भंग कर रहे थे एवं इस भंग के लिए आत्मप्रताड़ना जैसा एक तर्क उन्होंने खोज निकाला था। बलराम इस प्रताड़ना से अनभिज्ञ नहीं थे। उनके मन में एक दुविधा भी थी। मद्य-निषेध का अर्थ स्पष्ट था। परंतु बलराम के लिए उसका अनुसरण करना अति दुष्कर था। बलराम स्वयं भी अपनी दुर्बलता से अनभिज्ञ नहीं थे। पत्नी रेवती ने उन्हें सजग रखने के लिए जो प्रयास किए थे उसका अर्थ भी वे जानते थे। फिर भी मदिरा के लगाव का वे त्याग नहीं कर सके थे। वे प्रतिदिन पर्याप्त मात्रा में मद्यपान करने के पश्चात् मन-ही-मन एक प्रकार का संघर्ष भी कर लेते थे। एक क्षण उन्हें लगता कि कल वे अवश्य ही मद्यपान नहीं करेंगे; परंतु वह कल जब आज बन जाता तब पुनः एक बार बलराम का मन शिथिल हो जाता।

यादव सभा में अपने अनियमित आवागमन से दूसरों की अपेक्षा कृष्ण की सतर्क दृष्टि इसे भाँपे बिना अवश्य नहीं रहेगी, इस सत्य से भी बलराम अनभिज्ञ नहीं थे। इसे भाँप लेने के पश्चात् उसका अर्थ समझते भी कृष्ण को देर नहीं लगेगी, यह भी बलराम समझते थे। कदाचित् कृष्ण उनके आवास पर अचानक उपस्थित होकर उन्हें मद्यपान की स्थिति में देख लेंगे, ऐसी संभावना से भी बलराम अनभिज्ञ नहीं थे। बलराम के आवास पर कृष्ण का आगमन कोई विशेष घटना नहीं थी। कभी-कभार कृष्ण ज्येष्ठ भ्राता से मिलने एवं प्रणाम करने आते भी थे। यदि ऐसा कुछ हो जाए तो कृष्ण के सम्मुख उन्हें मद्यपान के प्रभाव में उपस्थित होना पड़ेगा और तब कृष्ण की दृष्टि का सामना करना दुष्कर हो जाएगा। भले ही कृष्ण मर्यादा लोप कर बड़े भैया को कुछ न कहें; किंतु बड़े भैया ने स्वयं यादव सभा की घोषणा को भंग किया है, यह जानकर उनके चेहरे पर जो व्यथा छा जाएगी उसकी कल्पना मात्र से ही बलराम का मन व्यथित हो जाता था। कृष्ण के प्रति उनमें असीम प्रेम था और कृष्ण की भावना को उन्होंने ठेस पहुँचाई है, यह अपनी दृष्टि से देखने के लिए वे तैयार नहीं थे।

ऐसे में द्वारपाल से जब उन्हें पता चला कि सांब एवं सारण दोनों एक साँझ उनसे मिलने आए थे, परंतु द्वार से ही वापस लौट गए, तब उनका मन अधिक सोच में पड़ गया था। सांब एवं सारण तथा अन्य कुमारों की मद्य-प्रीति से बलराम सतर्क ही थे, इसलिए प्रवेश-द्वार से ही ये कुमार उन्हें मिले बिना वापस लौट गए थे, यह जानकर उन्हें आश्चर्य और चिंता दोनों का अनुभव हुआ था। बलराम ने द्वारपाल को बुलाकर इन कुमारों के साथ किए गए संवाद को क्रमवार जानने का प्रयास किया, तब द्वारपाल भी अनजाने में हुई अपनी भूल को जान चुका था। स्वामी बलराम अब उसकी इस भूल को क्षमा नहीं करेंगे, इस विचार से भयभीत द्वारपाल ने जो कुछ घटित हुआ था वह सब सच-सच बता दिया था। बलराम इस सत्य का अर्थ समझ गए। मद्य-निषेध की घोषणा के बावजूद बलराम अपने आवास पर रहकर मद्यपान करते हैं, यह बात अब कुमारों तक भी पहुँच गई है।

परंतु बलराम के मन में इन कुमारों के बारे में कोई आशंका या चिंता नहीं थी। वे सब तो मद्यप्रिय थे ही। परंतु अब फिर अन्य किसी के ध्यान में उनका मद्यपान न आ जाए, इसके लिए उनका सतर्क रहना अनिवार्य था। मन-ही-मन वे कृष्ण के बारे में चिंतित थे। मद्यपान की स्थिति में कृष्ण के समक्ष उपस्थित होने से कृष्ण को जो आघात लगेगा, वह बलराम सहन नहीं कर पाएँगे और फिर भी मद्य का त्याग नहीं कर पाएँगे। बलराम अतिविकट परिस्थिति में फँस गए थे।

और ऐसी परिस्थिति उत्पन्न ही न हो, इसलिए उन्होंने द्वारपाल को बुलाकर एक कठोर सूचना दे दी—इसके बाद यदि उनसे मिलने कोई भी अतिथि आ पहुँचे तो उसका योग्य सत्कार करके अतिथि कक्ष में ले जाया जाए और यदि यादव परिवार में से कोई आ पहुँचे और उनके विषय में पूछताछ करे तो उन्हें आवास में उनकी अनुपस्थिति की सूचना दी जाए। यह असत्यवादन था। बलराम अब शायद ही आवास छोड़कर बाहर जाते थे, किंतु कृष्ण के समक्ष जो असत्यवादन करने के क्षण उपस्थित होने की संभावना थी, उससे उबरने के लिए ऐसा तुच्छ असत्यवादन—और वह भी द्वारपाल के मुख से हो तो उसकी मात्रा कम हो जाती थी। बलराम ने इस कम मात्रा के असत्यवादन को स्वीकार कर लिया।

इसके बावजूद यादव सभा में अनुपस्थित रहना तो बलराम के लिए संभव ही नहीं था। उनकी अनुपस्थिति तुरंत ही सबकी दृष्टि भाँप लेगी एवं वे नाहक ही विविध तर्क-वितर्कों में फँस जाएँगे। इस संभावना से बचने के लिए वे यथासंभव स्वस्थता से सभा में जाते रहे; किंतु अन्य किसी के साथ—विशेष रूप से कृष्ण के साथ—कोई संवाद का प्रसंग उपस्थित न हो, इसलिए उन्होंने सभा के नियत समय के बाद जाना एवं सभा के अधिकृत रूप से समाप्त होने की उद्घोषणा से पूर्व ही उसे त्यागने में समझदारी मान ली थी। बलराम समझते थे कि यद्यपि ऐसा करने से सभा का औचित्य एवं गौरव भंग होता है, किंतु अन्य कोई विकल्प ही नहीं था। मद्य के आकर्षण को त्याग देना संभव नहीं था।

कृष्ण की सतर्क दृष्टि ने बलराम के इस व्यवहार की टीप ले ली थी। वैसे तो यादव सभा में वे यादवकुमार भी इस समय अनियमित हो गए थे, परंतु कुमारों के व्यवहार के बारे में कृष्ण ने कोई विशेष गंभीर सुधि नहीं ली थी, किंतु बलराम जैसे वरिष्ठ यादव के व्यवहार की सुधि लिये बिना नहीं चलेगा।

उसके अलावा बलराम के आवास-स्थल पर उन्हें मिलने एवं प्रणाम करने गए कृष्ण को जब द्वारपाल ने यह बताया कि संकर्षण बलराम आवास में उपस्थित नहीं हैं तब उन्हें आश्चर्य से अधिक पीड़ा हुई थी। इसका अर्थ स्पष्ट था, मानो बलराम कृष्ण से मिलना टाल रहे थे। कृष्ण जानते थे कि उन पर दाऊ का अत्यधिक प्रेम होने के बावजूद वे उनसे मिलना नहीं चाहते। अत: उनका भी विशेष प्रेम जिस पर होगा, ऐसी किसी स्थिति की संभावना है। दाऊ का मद्य-प्रेम यादवों में प्रसिद्ध था। कृष्ण जानते थे कि बलराम को भाई कृष्ण एवं पत्नी रेवती इन दोनों से भी अधिक प्रेम मद्य से था। अब इस मद्य-प्रेम के कारण ही बलराम अनुज कृष्ण के प्रेम की उपेक्षा कर रहे थे। कृष्ण का हृदय काँप उठा। मद्य के प्रवाह की प्रचंड बाढ़

अभेद्य रूप से दोनों भाइयों के बीच वेग से बढ़ रही थी।

बलराम के मद्यपान से भी बड़ी दूसरी चिंता कृष्ण के मन को व्यथित कर रही थी। बलराम के मद्यपान की बात यदि अन्य यादवों को ज्ञात होगी तो समग्र यादव परिवार में विकट परिस्थिति उत्पन्न होने की संभावना थी। अब तक जिस स्व-अनुशासन एवं मर्यादा की रक्षा हो सकती थी उसका लोप हो जाने की संभावना थी। मद्य-निषेध राजाज्ञा थी एवं राजाज्ञा को भंग करना घोर अपराध है, यह निःशंक था। बलराम के विरुद्ध यदि राजाज्ञा भंग के लिए यादव सभा को विचारणा करनी पड़े तो इससे समग्र परिवार की एकता डगमगा उठेगी। इस भय को आत्मसात् करने में कृष्ण को देर न लगी।

प्रतिपक्ष में यदि उन्हें बलराम के इस मद्यपान की जानकारी है तो फिर उस सत्य को यादव सभा से गोपनीय रखना उनके लिए राजाज्ञा-भंग के अपराध का समर्थन करने जैसा ही कृत्य माना जाएगा। कृष्ण सोच रहे थे कि या तो बलराम को इस दुष्कर्म से दूर रहने के लिए सन्नद्ध किया जाए अथवा उनके इस राजाज्ञा-भंग को यादव सभा के समक्ष ले जाकर जो भी परिणाम आए उसको स्वीकार करने के लिए सबको तैयार रहना चाहिए।

ऐसा धर्म-संकट कृष्ण के जीवन में पहली बार ही पैदा नहीं हुआ था। ऐसे धर्म-संकटों से किस प्रकार बचा जाए, उसका गुरुमंत्र स्वयं कृष्ण ने हस्तिनापुर की कुरुसभा में सभी वरिष्ठ कौरवों को दिया था। उन्होंने स्वयं ही वार्त्ताकार बनकर तब राजा धृतराष्ट्र को उस विदुर वाणी का अनुसरण करने के लिए कहा था—'हे महाराज धृतराष्ट्र! कुल के लिए व्यक्ति का त्याग, जनपद के लिए कुल का त्याग, राष्ट्र के लिए जनपद का त्याग एवं आत्मा की पवित्रता बनाए रखने की आवश्यकता पड़ने पर समग्र पृथ्वी का त्याग कर देना चाहिए।'

कृष्ण को प्रतीत हुआ कि इन उच्चारणों की प्रतिध्वनि इस समय द्वारका के महालयों की दीवारों पर गुंजित हो रही है। कहीं यह माता गांधारी के शाप का आरंभ तो नहीं है?

: दस :

उस दिन कृष्ण जब अपने शयनकक्ष में प्रविष्ट हुए तब रात्रि का दूसरा प्रहर समाप्त होने में अधिक देर नहीं थी। कृष्ण जब द्वारका में होते तब ऐसा शायद ही होता था। यदि कोई अतिथि होते या विशेष प्रकार के राजकाज में व्यस्त होते, तभी

इतना विलंब होता था। आज इनमें से कुछ भी हुआ हो, ऐसा रुक्मिणी को नहीं लग रहा था। इसलिए वे नियमानुसार शयनकक्ष में प्रविष्ट होकर पति की प्रतीक्षा कर रही थीं।

कृष्ण ने अंदर आकर अपने पर्यंक पर आसन ग्रहण किया। रुक्मिणी ने पति के चेहरे की ओर देखा। चेहरे पर कोई असाधारण भाव नहीं था। वर्षों से विलसित वही भुवनमोहन स्मित इस समय भी होंठों पर प्रकट हो रहा था।

''स्वामी!'' पर्यंक से थोड़ी दूरी पर चौकी पर बैठते हुए रुक्मिणी ने तनिक मुसकराकर पूछा, ''क्या आज यादव सभा में कोई विशेष समस्या उपस्थित हुई थी?''

कृष्ण समझ गए। पत्नी का संकेत इस अनपेक्षित विलंब की ओर था। उन्होंने उतने ही सहज रूप से उत्तर दिया; ''देवि, राजकाज तो अब सामान्य हो गया है। ऐसा लगता है कि आर्यावर्त्त में अब ऐसी कोई समस्या ही नहीं रही।''

''तो फिर जनार्दन, अब मेरे मन की एक समस्या का निवारण कर देंगे?'' अचानक तनिक गंभीर होकर रुक्मिणी ने कहा।

''आपकी समस्या मेरी ही समस्या है, देवि! जिसे आप समस्या कह रही हैं, ऐसा क्या घटित हुआ है?'' कृष्ण ने चेहरे के चिरपरिचित स्मित को पूर्ववत् सजीव रखकर कहा।

''दीर्घ समय से पुत्र प्रद्युम्न, सांब या सारण हमें मिलने या प्रणाम करने नहीं आए हैं। मुझे उनकी चिंता हो रही थी। आप तो शायद इन सभी पुत्रों से प्रतिदिन यादव सभा में मिल लेते होंगे, परंतु मैं उनसे कैसे मिल सकती हूँ?'' रुक्मिणी ने धीरे से कहा।

कृष्ण के चित्त में बहते प्रवाह को एकाएक जैसे एक क्षण किसी प्रतिरोध की अनुभूति हुई। बड़े भैया दाऊ के विषय में वे जो सोच रहे थे उसी विचार को जैसे रुक्मिणी प्रतिध्वनित कर रही थीं।

''इसीलिए मैंने सोचा कि इन सब पुत्रों के क्षेम-कुशल जानने के लिए मैं ही स्वयं आज उनके आवास पर चली जाऊँ।'' रुक्मिणी ने अपनी बात आगे बढ़ाई।

''फिर? फिर क्या हुआ, देवि? आप पुत्रों से मिलीं?'' कृष्ण ने पत्नी के चेहरे को निहारते हुए पूछा।

''उसी से तो यह समस्या उत्पन्न हुई है, केशव!'' रुक्मिणी ने रहस्योद्घाटन करते हुए कहा, ''सांब या सारण अपने आवास पर थे ही नहीं और पुत्र प्रद्युम्न निद्राधीन हो गया था। अत: मैं किसी से मिल नहीं सकी।''

एक हलका सा नि:श्वास निकालकर कृष्ण ने बाहर देखा। जो अनुभव उन्हें बलराम के आवास पर हुआ था, वही अनुभव यहाँ भी उपस्थित था। निद्राधीन पुत्र प्रद्युम्न माँ के स्वागत के लिए खड़ा न हो, यह तो कल्पनातीत था। माता इन पुत्रों से मिलने गई होंगी, वह समय निद्रा का तो अवश्य नहीं रहा होगा। सांब और सारण भी उस समय अपने आवास पर ही होंगे, ऐसा कृष्ण को लगा।

''स्वामी, हमारे ये पुत्र कुछ समय से यहाँ आकर मिलने में या प्रणाम करने में उदासीन क्यों हो गए हैं?'' रुक्मिणी ने पूछा, ''यह विचार मेरे मन को व्यथित कर रहा है।''

कृष्ण इस प्रश्न का उत्तर जानते थे, परंतु वह ज्ञान पत्नी को प्रदान करना नहीं चाहते थे। पुत्रों की इस उदासीनता का रहस्य भी अवश्य मद्यपान ही था, यह समझते उन्हें देर न लगी। इससे पूर्व माता-पिता को प्रणाम करने के लिए पुत्र जब प्रासाद में आते थे तब शायद मद्यपान से प्रभावित हैं, ऐसा तत्क्षण प्रकट हो जाता था। परंतु, तब मद्य-निषेध की राजाज्ञा प्रवर्तमान नहीं थी। महर्षि कश्यप के शाप के बाद यह राजाज्ञा कठोरता से लागू हो, ऐसा कृष्ण चाहते थे। ऐसा होगा तभी आगामी दिनों में यह यादव कुल गौरवपूर्ण रूप से अपने अंत तक पहुँच पाएगा। अंत की निर्मिति हो चुकी थी और अब अवश्यंभावी था।

''मानव जीवन अत्यंत संकुल है, देवि!'' कृष्ण ने उत्तर दिया, ''इस जीवन में प्रत्येक संबंध की एक सीमा होती है।''

''अर्थात्?'' रुक्मिणी ने पूछा।

''प्रत्येक अर्थ भी जानने जैसा नहीं होता। जब जो भी प्रकट हो, उसका सहजभाव से स्वीकार ही किसी भी समस्या का निराकरण है।'' कृष्ण ने मुसकराकर कहा।

रुक्मिणी ने पति का प्रतिवाद नहीं किया। वह उनके स्वभाव में ही नहीं था। कृष्ण की बातें उन्हें कई बार बिलकुल समझ में नहीं आती थीं; फिर भी जिस बात पर कृष्ण पूर्णविराम रख देते उस बात को रुक्मिणी कभी बढ़ाती नहीं थीं। उन्होंने गहरी साँस ली।

रात्रि के दूसरे प्रहर की समाप्ति को सूचित करते चौघड़िए दुर्ग पर बजने लगे।

तत्पश्चात् रुक्मिणी तो अपनी समस्या पति के समक्ष प्रस्तुत करके मन को हलका-फुलका अनुभव कर रही थीं। वे तो प्रतिदिन के समान निद्राधीन भी हो गईं, किंतु कृष्ण की आँखों में इस समय नींद नहीं थी। रात्रि का तीसरा प्रहर समाप्त होने

तक कृष्ण अपलक नेत्रों से शयनकक्ष में फैले हुए मशाल के धुँधले प्रकाश को देखते रहे थे। इस प्रकाश से प्रकट होनेवाली परछाइयों की एक विचित्र सृष्टि ने मानो उन्हें घेर लिया था। पत्नी चिंतित या व्यथित न हों, इसलिए कृष्ण ने उन्हें उन तथ्यों से अनजान रखा था। उनके प्रत्येक वाक्य को प्रमाण मानकर वे निश्चिंत हो जाती थीं, यह कृष्ण जानते थे। अन्य किसी परिस्थिति को भले ही वह सहज भाव से स्वीकार नहीं कर सकती थीं, परंतु पति के कथन को स्वीकार करके वे हलका अनुभव करती थीं, यह कृष्ण जानते थे। पुत्रों की राजाज्ञा भंग की बात की भनक पत्नी को न हो, ऐसा करने में कृष्ण सफल तो हुए, परंतु इस समय उस सफलता का भी जैसे उन्हें बोझ लग रहा था। एक तरह से यह सफलता पति-पत्नी के बीच की दूरी की द्योतक थी। पति उसके मन को स्फटिक के समान पारदर्शी नहीं कर सकता था और पत्नी उनके मन तक पहुँच नहीं सकती, इसी का यह संकेत था।

रुक्मिणी पास के पर्यंक पर ही निद्राधीन थीं, फिर भी कृष्ण ने महसूस किया कि इस शयनकक्ष में वे अकेले ही हैं। शयनकक्ष में ही क्यों, यह अकेलापन इस समय समग्र कृष्णप्रासाद में व्याप्त हो गया हो, ऐसा उन्हें लगा। दूसरे क्षण अकेलेपन का यह व्याप जैसे समग्र द्वारकापुरी को ग्रसित कर रहा हो, उन्होंने ऐसी अनुभूति की। शरीर की आत्मा के समान पुत्र भी जैसे एक व्यर्थ एवं स्थूल वस्तु के लिए पराए बन गए थे। आजीवन उन्हें पुत्रवत् प्रेम करनेवाले ज्येष्ठ भ्राता बलराम भी इसी तुच्छ वस्तु के लिए जैसे उन्हें उपेक्षित कर रहे थे। कृष्ण को लगा कि पत्नी, पुत्रों, भ्राता—इन सबके द्वारा वे त्याग दिए गए हैं।

कृष्ण धीरे से नीचे उतरे। पादुका के स्वर से रुक्मिणी की निद्रा भंग होने की आशंका से उन्होंने पर्यंक के पास चौकी पर पड़ी हुई पादुका चरणों में धारण नहीं की। नंगे पाँव वे बाहर गवाक्ष में आए। समग्र ब्रह्मांड अपने पूर्ण गांभीर्य के साथ बाहर प्रकाशित हो रहा था।

थोड़ी दूरी से समुद्र की लहरों के दुर्ग की दीवारों के साथ टकराने जैसी गहन ध्वनि भी प्रकट हो रही थी। द्वारका की दक्षिण सीमा पर बहनेवाली गोमती नदी का प्रवाह दृष्टिगोचर हो रहा था। गोमती के ये नीर—

कृष्ण के मन में एक जगमगाहट हुई। कालिंदी के श्यामल नीर उनके मन में संवेदना प्रकट कर रहे थे। दृश्यमान क्षीण गोमती जैसे अदृश्य हो गई और कालिंदी का पुष्ट प्रवाह कृष्ण देख रहे थे। कृष्ण को याद आया कि यमुना के दर्शन किए हुए कितने वर्ष व्यतीत हो गए हैं। यमुना किनारे रँभाती गायों का स्वर जैसे इस समय भी वातावरण में गूँज रहा हो वैसे कृष्ण ने अपनी दृष्टि पूर्व दिशा की ओर फेर ली। पूर्व

दिशा अर्थात् गोकुल, मथुरा, वृंदावन।

प्रातःकाल की शीतलता अभी वायु में व्याप्त नहीं हुई थी, फिर भी कृष्ण ने अनुभव किया कि उनकी देह पर जैसे कोई शीतल प्रवाह फैल गया हो। शांत निद्राधीन द्वारका के महालयों के स्वर्णमंडित शिखर जैसे उनकी दृष्टि से ओझल हो गए। यमुना किनारे उगे हुए तमाल वृक्ष, गहकते मयूर, कदंब वृक्ष एवं कालिंदी तट पर से बार-बार प्रवाह में सरकते विशालकाय कछुए—सब उन्हें याद आया। उन्होंने निरभ्र आकाश को देखा। आकाशगंगा के मध्य में मंगल का रतनार तारा चमक रहा था। उसकी दाहिनी ओर का गुच्छा तपस्या कर रहा था एवं तनिक पश्चिम के आकाश में देवयानी नक्षत्र मानो किसी अनजान देवता की प्रतीक्षा कर रहा था। मंगल का यह तारा—

गोकुल छोड़कर मथुरा जाने की पूर्व रात्रि कृष्ण के स्मृति-पट पर झलक उठी और मन में सुगबुगाहट उठी।···

□

अगले दिन प्रातःकाल कृष्ण अक्रूर के साथ कंस की सभा में उपस्थित होने के लिए मथुरा जाने वाले थे। समग्र गोकुल इस प्रसंग का गांभीर्य समझता था। कंस का वह आमंत्रण एक षड्यंत्र था और कृष्ण की हत्या के हेतु रचा गया था। यह चिंता गोकुलवासियों को सता रही थी। अक्रूर पर श्रद्धा रखकर आमंत्रण को स्वीकार करने के अतिरिक्त अन्य कोई विकल्प भी नहीं था। साँझ तक सभी गोकुलवासी इस चिंता एवं उद्वेग को हृदय में सँजोए कृष्ण को विदाई देने के लिए सामूहिक रूप से एकत्रित हुए थे। सब परस्पर प्रेम एवं शुभकामना व्यक्त कर रहे थे, किंतु सबके चेहरे पर वह चिंता सवार हो गई थी। इसमें अपवाद स्वरूप एकमात्र राधा थी। मानो कृष्ण किसी दिग्विजय यात्रा पर जा रहे हों, राधा इतनी निश्चिंत एवं प्रसन्न दिख रही थी। दिन भर वह हँसती रही, गाती रही, नाचती रही, कूदती रही और अनेकानेक काम निपटाती रही। समग्र गोकुल जिस बोझ से आक्रांत था उसने राधा को तो स्पर्श भी नहीं किया था।

रात्रि संपूर्ण रूप से ढल गई एवं अंधकार गहराने लगा, तब सभी गोकुलवासी बिखरने एवं निद्राधीन होने लगे। राधा की आँखों में न तो कोई थकान थी, न ही निद्रा का बोझ था। तब कृष्ण ने सहज ही प्रश्न पूछा कि राधा उनकी इस अचानक विदाई के प्रसंग में उदास होने के बदले इतनी प्रसन्न कैसे रह सकी होगी? बहती यमुना के प्रवाह में पैर डुबोकर राधा खड़ी थी और कुछ भी घटित न हुआ हो, वैसे प्रसन्नचित्त हाथ की अँजुरी में जल लेकर उसने कृष्ण पर छिड़क दिया।

वह रात भी ऐसी ही एक रात थी। यह मंगल, यह सप्तर्षि और देवयानी सभी आकाशगंगा में जैसे आज देख रहे हैं वैसे ही यमुना के प्रवाह को देख रहे थे।

'राधा!' कृष्ण ने तब पूछा था, 'मैं मथुरा जा रहा हूँ उससे तुम चिंतित नहीं हो?'

'चिंता!' राधा ने वैसी ही निर्मल मुसकान से कहा था, 'मुझे ऐसा लगता ही नहीं है कि आप गोकुल छोड़कर जा रहे हैं।'

'तुम जानती हो, राधा! कल सुबह मैं इस यमुना तट पर नहीं रहूँगा। हम नहीं जानते कि मथुरा में महाराज कंस ने मेरे लिए क्या भावी निर्माण किया है।'

'मैं जानती हूँ, कृष्ण! और इसीलिए तो निश्चिंत हूँ।' राधा ने उतने ही हलकेपन से कहा था।

'शायद महाराज कंस अपने आयोजन में सफल हो जाएँ।' कृष्ण ने कहा।

'कंस का आयोजन जो भी हो, किंतु सफल तो केवल कृष्ण का ही आयोजन होगा। कृष्ण को परास्त करने में कंस कभी सफल नहीं हो सकता, ऐसी प्रतीति मुझे शरीर के रोम-रोम से हो रही है। कृष्ण कभी पराजित हो ही नहीं सकते।' राधा ने इतने आत्मविश्वास से कहा था कि कृष्ण एक क्षण स्तब्ध हो गए थे।

आज जब एक संपूर्ण युग का अंत समीप है तब कृष्ण राधा की इस श्रद्धा को जैसे फिर एक बार अपनी साँसों में भरने लगे। कृष्ण ने अनुभव किया कि राधा की इस श्रद्धा के फलस्वरूप ही वे मथुरा में कंस-वध कर सके थे। कंस-वध कृष्ण की नहीं, बल्कि राधा की श्रद्धा की विजय थी, इस सोच से कृष्ण पुलकित हो उठे थे। युग के आरंभ में प्रकटित वह क्षण आज युगांत में जैसे सजीव हो उठा था।

कृष्ण को याद आया कि कुरुक्षेत्र के महायुद्ध के सत्रहवें दिन कर्ण एवं अर्जुन के बीच जब अंतिम संघर्ष हो रहा था तब अर्जुन ने भी सारथि कृष्ण से ऐसा ही प्रश्न किया था, 'कृष्ण, कर्ण के हाथों इस युद्ध में आज यदि मेरा वध होगा तो आप क्या करेंगे?' और तब कृष्ण से बिलकुल सहज भाव से जो कहा गया था, उसकी जड़ें शायद राधा की इसी श्रद्धा में थीं। कृष्ण ने भी राधा की इस भूमिका के साथ अनजाने में ही कह दिया था, 'अर्जुन, कर्ण तुम्हारा वध कर ही नहीं सकता। आज के युद्ध में कर्ण का वध करके विजयश्री तुम्हें ही वरेगी।' और कृष्ण की यह श्रद्धा चरितार्थ भी हुई थी, वैसे ही जैसे राधा की श्रद्धा चरितार्थ हुई थी। कृष्ण ने अनुभव किया कि राधा की श्रद्धा का यश केवल कंस-वध करके यादव गणतंत्रों को पुनरुज्जीवित करने में ही नहीं है, बल्कि कर्ण-वध करके अर्जुन को प्राप्त हुई विजय भी राधा की श्रद्धा का ही परिणाम है।

'परंतु मान लो, राधा! यदि कुछ अनचाहा घटित हो जाए और मैं मथुरा से कभी वापस न लौटा तो?' कृष्ण ने राधा की श्रद्धा की छानबीन करते हुए कहा था।

'वापस लौटने का प्रश्न तो तभी पैदा होता है, जब आप यहाँ से जा रहे हों।' राधा ने पूर्ववत् स्वस्थता एवं सहजता से कहा था, 'कृष्ण, आप कल भी मेरे साथ थे, आज भी मेरे साथ हैं एवं कल भी मेरे साथ ही होंगे।'

'परंतु यदि ऐसा हो कि हमारा संबंध ही समाप्त हो जाए तो? यह भी संभव है कि हम आज के बाद कभी मिल ही न पाएँ।' कृष्ण ने राधा के चेहरे पर दृष्टि स्थिर करके कहा। वायु की एक तरंग राधा के पल्लू एवं कृष्ण के मोरपंख को एक साथ कंपित कर गई।

'किंतु मात्र न मिलने से हमारा संबंध समाप्त नहीं हो सकता। कृष्ण, संभव है कि कल से आप गोकुल के न रहकर समग्र आर्यावर्त्त के हो जाएँ। परंतु उससे आप राधा के कान्हा थोड़े ही नहीं रहोगे।' इतना कहकर राधा ने आकाश की ओर देखा। मंगल का रतनार तारा प्रकाश फैला रहा था। यमुना के प्रवाह में उसका प्रतिबिंब फैल रहा था। राधा ने उस ओर हाथ फैलाकर कहा, 'कृष्ण, यह मंगल का तारा, यह सप्तर्षि और यह देवयानी—ये सब युगों से समग्र सृष्टि को देख रहे हैं। आज हम उसके सौंदर्य का आनंद ले रहे हैं। आप तो इस आकाशगंगा जैसे हैं। आप जहाँ कहीं भी होंगे, इन तारकगणों में मैं आपके दर्शन निरंतर करती रहूँगी। कभी राधा याद आए तो इन तारकगणों से पूछना कि राधा इस समय भी आपको याद कर रही है या नहीं। इस तारे की प्रत्येक किरण में मैं सदा आपके साथ रहूँगी।'

कृष्ण ने आकाशगंगा के तारक-वृंदों की ओर दृष्टि स्थिर की।

उन्होंने एक गहरी साँस ली। हवा में अचानक सुगंध कहाँ से आ गई? कृष्ण ने अनुभव किया कि हवा मात्र शीतल ही नहीं थी, सुगंधित भी थी। थोड़े समय पहले का अकेलापन कहीं अदृश्य हो गया था।

: ग्यारह :

मध्याह्न पूर्व ही द्वारका में प्रवेश कर लेने का उद्धव का अनुमान सही निकला था। प्रात:काल द्वारका की दिशा में प्रयाण के आरंभ के समय ही उद्धव ने मध्याह्न पूर्व द्वारका पहुँच जाने का मन में निश्चय किया था। मथुरा को छोड़े हुए उन्हें बहुत दिन हो गए थे और तीर्थराज प्रयाग, वाराणसी, पुष्कर इत्यादि तीर्थस्थानों के दर्शन करके आज द्वारका पहुँच जाने की उनकी धारणा थी। दूर से जब द्वारका

के दुर्ग पर लहराते ध्वज को उन्होंने देखा तब तीर्थाटन की थकान जैसे एक क्षण में विस्मृत हो गई। अब एकाध पहर के पश्चात् ही वे सभी पुराने साथियों से मिल सकेंगे, इस कल्पना से उद्धव रोमांचित हो उठे। उनके पैर शीघ्रता से उठने लगे। कृष्ण से मिले कितने दिन हो चुके थे। दाऊ भी बहुत दिनों से नहीं मिले थे। पूज्य वसुदेव, महाराज उग्रसेन, ज्येष्ठ यादव अक्रूर तथा सात्यकि एवं कृतवर्मा जैसे अन्य साथियों से भी मिल सकेंगे, इस विचार मात्र से उद्धव में उत्साह का संचार हो रहा था।

यहाँ से अब दो रास्ते अलग होते हैं। उद्धव यह जानते थे कि दाईं ओर के मार्ग से द्वारका अधिक निकट है। बाईं ओर के मार्ग से रैवतक पर्वत की ढलान चढ़कर द्वारका की दिशा में जा सकते हैं। रैवतक की ढलान समाप्त होते ही समुद्र की लहरों का संगीत सुनाई देने लगता है। उद्धव को याद आया—समुद्र-स्नान किए हुए बहुत दिन हो गए हैं। मथुरा का यमुना-स्नान, प्रयाग का त्रिवेणी संगम़-स्नान, वाराणसी का गंगा-स्नान—ये सब स्नान करने के पश्चात् भी उद्धव को लगा, समुद्र तो सचमुच इन सब सरिताओं का पति है। समुद्र-स्नान यानी इन तमाम सरिताओं के स्नान का योग। उद्धव की दृष्टि के सामने सृष्टि के आरंभ में समुद्र की लहरों पर शेष-शय्या पर निद्राधीन भगवान् विष्णु का चित्र तादृश हुआ। उद्धव ने सोचा कि विष्णु के संस्पर्श से अधिक पावन बने हुए समुद्र के जल में स्नान करने के पश्चात् पवित्र देह से द्वारका में प्रवेश करने में ही औचित्य है। उन्होंने रैवतक की दिशा में जानेवाले मार्ग पर पग बढ़ाए।

रैवतक के दर्शन करके प्रसन्न होकर उद्धव जब समुद्र-तट पर आए तब सूर्य की किरणें कुछ-कुछ प्रखर होने लगी थीं। उद्धव ने समुद्र के निकट जाकर उसकी लहरों में चरण भिगोए। एक अजीब शैत्य उनके अंग में फैल गया। अब द्वारका का दुर्ग स्पष्ट दृष्टिगत हो रहा था। स्वच्छ आकाश में दुर्ग पर प्रहरियों का आवागमन भी दृष्टिगत हो रहा था। गतिशील वायु में ध्वज की फरफराहट भी सुनाई पड़ रही थी। थोड़ी दूरी पर एकाध यज्ञवेदी में से अभी धूम-रेखाएँ उठ रही थीं। रैवतक की ढलान पर चर रही गायें बीच-बीच में आनंद का उद्गार करते हुए रँभाती थीं। उद्धव ने जलांजलि से दसों दिशाओं के देवताओं को अर्घ्य देकर प्रणाम किए। एक विशाल लहर ने आकर उद्धव की देह पर जलाभिषेक किया।

उद्धव ने आगे बढ़कर समुद्र के जल में डुबकी लगाई। गीले शरीर से बाहर आकर उन्हें लगा कि अब वे द्वारका में प्रवेश करके कृष्ण-दर्शन के अधिकारी हो गए हैं। कृष्ण-दर्शन की कल्पना मात्र से उद्धव एक बार फिर रोमांचित हो उठे। एक

क्षण के लिए जैसे महाकाल एकदम क्षीण हो गया और गोकुल में बालकृष्ण के साथ व्यतीत किया हुआ समय दृष्टि के सामने चित्रित हो गया। वातावरण में सूर्य-किरणों की ऊष्मा भारी प्रखरता के बावजूद उद्धव की देह में कंपन प्रकट हुआ। फिर एक बार जलदेवता को नमन करने के पश्चात् उन्होंने द्वारका के मुख्य प्रवेश द्वार की ओर जाने के मार्ग पर स्थित पहाड़ी पर चढ़ना आरंभ किया।

उद्धव को पता था कि पहाड़ी की दूसरी दिशा में मुक्त वनराजि फैली हुई है। बारंबार इस वनराजि में विहार करना उन्हें भी पसंद था। उद्धव ने सोचा, वनराजि के इन वृक्षों को आँख भरकर देखने का यह अवसर क्यों जाने दिया जाए! इन वृक्षों से छनकर द्वारका में प्रवेश करनेवाली वायु की तरंगों को वे साँसों में भर लेना चाहते थे।

ढलान पर चढ़ने के पश्चात् उद्धव को अचानक कुछ कोलाहल सुनाई दिया। यह शोर उन्हें अपरिचित नहीं लगा। उन्होंने पहाड़ी की दूसरी दिशा में देखा तो ऐसा लगा कि जिस वनराजि के वे दर्शन करना चाहते थे उसके बीच कुछ यादवकुमार किसी उत्सव का आनंद ले रहे हैं। उद्धव ने दृष्टि स्थिर करके देखा तो लगा कि ये चेहरे तो परिचित जैसे हैं। उनमें कुमार प्रद्युम्न था, अनिरुद्ध था, सारण एवं गद थे, सांब एवं सुचारु थे। उद्धव ने सोचा कि द्वारका में शायद आज कोई विशिष्ट उत्सव है। द्वारका की दिशा में जाने की बजाय उन्होंने इन कुमारों से मिलकर आज के इस उत्सव के विषय में पृच्छा करने का निर्णय किया। सभी कुमार बातचीत एवं मद्यपान में ऐसे तल्लीन थे कि उद्धव उनके बिलकुल निकट पहुँच गए तब तक उन्हें पता ही न चला।

उद्धव की लंबायमान परछाईं रैवतक की ढलान पर से कुमारों तक पहुँची तब उन्होंने चेहरे घुमाए। उद्धव को देखकर उनके चेहरे पर आश्चर्य के भाव छा गए।

उद्धव तो मथुरा में थे और इस तरह अचानक यहाँ कैसे प्रकट हो गए, यह रहस्य वे समझ न सके। अन्य कुमार हाथ में मद्यपान के साथ फटी आँखों से उद्धव की ओर देख रहे थे, तब कुमार प्रद्युम्न सबसे पहले स्वस्थ हो गया और मद्य पात्र भूमि पर रखकर आगे बढ़कर उसने उद्धव के चरणों में प्रणाम किया।

"कल्याणमस्तु, वत्स।" उद्धव ने दाहिना हाथ प्रद्युम्न के मस्तक पर रखकर आशीर्वचन का उच्चारण किया। दूसरे ही क्षण प्रद्युम्न के इस वर्तन का अनुसरण करते हुए अन्य कुमारों ने भी मद्य पात्र भूमि पर रखकर उद्धव को प्रणाम किए।

मद्यपान करना यादवों के लिए कोई नई बात नहीं थी, उद्धव भी यह सत्य

जानते थे; परंतु यह सब यादव परिवारों में बहुधा अपने-अपने आवास पर ही होता था। कभी-कभार किसी उत्सव के प्रसंग में अथवा जब सब यादव एकत्रित होते तब सार्वजनिक मद्यपान भी होता था। कुमारों के मद्यपान से उद्धव को आश्चर्य नहीं हुआ था; परंतु उन्हें देखकर कुमारों के चेहरे पर आनंद या आदर-भाव प्रकट होने की अपेक्षा अपराध-भाव की रेखा क्यों व्याप्त हो गई? यह देखकर उद्धव आश्चर्यचकित थे।

"पुत्रो, सब कुशल तो है न?" उद्धव ने पूछा।

"आपके आशीर्वाद एवं महाराज उग्रसेन की कृपा से सब क्षेम-कुशल हैं।" प्रद्युम्न ने कहा।

"परम सखा मधुसूदन, ज्येष्ठ भ्राता दाऊ, पूज्य वसुदेव, माता देवकी एवं महाराज उग्रसेन—ये सब कुशल ही होंगे।" उद्धव ने कहा और फिर पूछा, "क्या आज कोई विशेष उत्सव है? यदि ऐसा है तो द्वारका के अन्य सभी परिजन इस उत्सव में सहभागी क्यों नहीं हुए हैं?"

सभी कुमारों ने तनिक सिर झुकाकर परस्पर दृष्टि मिलाई। उद्धव के प्रश्न में निहित तर्क वे समझ गए। उद्धव अभी द्वारका में प्रविष्ट नहीं हुए हैं और मथुरा से सीधे ही आ रहे हैं, अतः राजा उग्रसेन की मद्य-निषेध की घोषणा से वे अनभिज्ञ हैं, इन यादव कुमारों को यह समझते देर न लगी।

"ऐसा विशेष तो कुछ नहीं है।" एक कुमार ने मस्तक झुकाकर ही कहा।

"तो फिर आज प्रातःकाल यादव सभा में उपस्थित होने के बजाय तुम सब यहाँ कैसे आ गए?" उद्धव ने आश्चर्य से पूछा।

यादवकुमारों के लिए उद्धव का यह प्रश्न अप्रत्याशित था। ऐसे किसी प्रश्न की अपेक्षा उन्हें नहीं थी। उन्होंने तत्काल कोई उत्तर नहीं दिया। उद्धव ने कुमारों की ओर एक त्वरित दृष्टि फेरी। उनके प्रश्न का उत्तर इन कुमारों ने क्यों नहीं दिया? यह प्रश्न उनके मन में उठा, किंतु उन्होंने उत्तर प्राप्त करने का आग्रह नहीं रखा।

"यादव सभा तो नियमित होती है न, पुत्रो?" उद्धव ने दूसरा प्रश्न किया।

"जी...जी, होती ही है।" कुमार सारण ने कहा।

परंतु अब उद्धव ने कोई प्रतिप्रश्न न किया। उन्होंने मात्र इतना ही कहा, "भगवान् महाकाल सबकी रक्षा करें, पुत्रो! भगवान् सवितानारायण की तेजस्विता एवं पवित्रता तुम सबको प्राप्त हो—ऐसा आशीर्वाद है।"

उद्धव ने पीठ फेर ली और द्वारका की दिशा में प्रयाण किया।

इन थोड़े क्षणों में क्या हो गया और उसके संभावित परिणाम क्या हो सकते

हैं? इस विषय में सब यादवकुमार मन-ही-मन सोचने लगे। मद्य के अतिरेक के कारण यह विचार-संक्रमण आगे बढ़ने की संभावना नहीं थी। किसी सातत्य की रक्षा होने जैसी स्वस्थता उनमें नहीं थी।

□

यादव सभा से निवृत्त होकर कृष्ण अभी-अभी ही अपने प्रासाद में आए थे।

''वासुदेव श्रीकृष्ण की जय हो!'' कक्ष के प्रवेश द्वार पर आकर द्वारपाल ने मस्तक झुकाया, ''मथुरा से उद्धवजी पधारे हैं एवं आपके दर्शन की अनुज्ञा चाहते हैं।''

''उद्धव!'' कृष्ण अपने आसन पर से लगभग खड़े ही हो गए, ''उद्धव के लिए अनुज्ञा कैसी? जाओ, एक क्षण का विलंब किए बिना उन्हें यहाँ ले आओ।'' कृष्ण के स्वर में अनजाने ही उत्साह का संचार हुआ।

दूसरे ही क्षण उद्धव ने कक्ष में प्रवेश किया। कृष्ण अनिमेष दृष्टि से अपने प्रिय बालसखा को देखते रहे। उद्धव ने त्वरा से आगे बढ़कर कृष्ण के सम्मुख अपना मस्तक झुका दिया। कृष्ण ने भावुकतापूर्ण स्पर्श से झुके हुए मस्तक को ऊपर उठाया। उद्धव की आँखों में नमी दृष्टिगत हो रही थी। कृष्ण ने उस नमी पर अपनी उँगली फेरी। उद्धव की देह का रोम-रोम स्पंदित हो उठा।

''उद्धव...मित्र! कुशल तो हो न?'' कृष्ण ने पूछा।

''आपकी कृपा है, श्रीकृष्ण! जब तक यादव परिवारों पर कृष्ण की कृपा-दृष्टि व्याप्त है तब तक सब कुशल ही रहेगा।'' उद्धव ने कहा।

कृष्ण ने सोचा, उद्धव के इस कथन में कहीं कोई सूचितार्थ तो नहीं है? माता गांधारी के शाप के समय की कोई गणना तो नहीं की उद्धव ने? कुमार सांब के पेट से जनमे हुए कुल-विनाशक मूसल की बात कहीं उद्धव के कानों तक तो नहीं पहुँच गई?

''मित्र!'' कृष्ण ने कहा, ''भवितव्य की निर्मिति हम महाकाल को ही सौंप दें। सृष्टि के नियमों का हम केवल अनुशीलन ही करें।''

''हाँ, आप सच ही कहते हैं, अच्युत!'' उद्धव ने धीरे से कहा, ''वैश्विक देवों के कार्यों में हम सहभागी बनें, इसी में हमारा गौरव है।''

''उस गौरव के रक्षण के लिए अब तुम्हें भी मेरा साथ देना है, उद्धव!'' कृष्ण ने कहा।

''श्रीकृष्ण, यह क्या कह रहे हैं आप?'' उद्धव चौंक उठे, ''मुझे आप आज्ञा कीजिए। उसे मैं अपना परम सौभाग्य समझूँगा।''

कृष्ण हँस पड़े। क्षण पूर्व के संकेतार्थ जैसे इस हास्य की दुग्धगंगा में विलीन हो गए। दोनों मित्रों ने अपना-अपना आसन ग्रहण किया।

"दीर्घकाल के पश्चात् द्वारका के दर्शन करते हुए प्रसन्नता हुई।" उद्धव ने कहा, "रैवतक पर्वत की प्रदक्षिणा करके ही मैंने द्वारका में प्रवेश किया। कुमार प्रद्युम्न एवं अन्य सभी कुमार वनराजि के पास ही मिल गए और वहीं द्वारका के कुशल-क्षेम जानकर प्रसन्नता बढ़ गई।"

कुमार प्रद्युम्न एवं अन्य सभी कुमार आज भी यादव सभा में उपस्थित नहीं थे। उद्धव की कही हुई बात सुनकर कृष्ण के मन में उनकी अनुपस्थिति के विषय में जो समस्या पैदा हुई थी उसका जैसे अनुसंधान हुआ। उन्होंने पूछा, "उद्धव, क्या कुमार इस समय वनराजि में विहार के लिए गए हैं?"

"मुझे तो लगा, आज द्वारका में कोई विशिष्ट उत्सव का प्रसंग होगा, क्योंकि सभी कुमारों का हमारी कुल-परंपरा अनुसार इस प्रकार सार्वजनिक रूप से मद्यपान करना उत्सव के बिना कैसे संभव है?" उद्धव ने जो देखा था उसके बारे में सहज भाव से जानकारी दी।

यद्यपि यह जानकारी कृष्ण के लिए आकस्मिक नहीं थी, परंतु उद्धव ने जिस प्रकार यह जानकारी दी उससे कृष्ण के चेहरे पर विलसित वह चिरपरिचित स्मित एक क्षण के लिए विलीन हो गया। द्वारका में प्रवर्तमान मद्य-निषेध की राजाज्ञा को इन सब यादवों ने कैसे निरर्थक बना दिया था, इस सोच के साथ ही कृष्ण के मन में विषाद प्रकट हुआ। अब इस घोषणा का कार्यान्वयन करने का एक ही अर्थ होगा कि समग्र यादव परिवार को दंडित किया जाए।

"क्यों कुछ बोले नहीं, माधव?" उद्धव ने कृष्ण के मौन से बेचैन होकर पूछा।

"शब्द हमेशा पर्याप्त नहीं होते, उद्धव! कभी-कभार उच्चारण की अपेक्षा मौन की भाषा अधिक समर्थ होती है।" कृष्ण ने आकाश में दृष्टि स्थिर करके कहा।

सवितानारायण का रथ मध्याकाश में आ पहुँचा है, उसकी प्रतीति करनेवाले दिन के दूसरे प्रहर की समाप्ति के चौघड़िए दुर्ग पर बजने लगे। इस गहरे स्वर के बीच प्रकट एवं अप्रकट सभी शब्द डूब से गए।

"तुम्हें याद है, उद्धव?" चौघड़िए के ध्वनि-शमन के पश्चात् वैसे ही गहरे एवं गंभीर स्वर में कृष्ण ने पूछा, "कुरुक्षेत्र युद्ध के उन्नीसवें दिन की प्रात: माता गांधारी ने समग्र यदु वंश के लिए एक समाप्ति अवधि निश्चित कर दी थी।"

"आप उस शाप का स्मरण करा रहे हैं, श्रीकृष्ण?"

"वह शाप नहीं था, उद्धव, वह तो आशीर्वाद था। कुरुक्षेत्र के संहार के पश्चात् यादवों के सामर्थ्य को रोक सके, ऐसी कौन सी शक्ति शेष रही थी? सामर्थ्य अहंकार की गंगोत्तरी है।" कृष्ण ने जैसे स्वयं के साथ संवाद करते हुए कहा।

"अर्थात्?" उद्धव ने पूछा।

"जिनका नाश कालक्रम से नहीं होता उनके लिए परमात्मा शाप का निमित्त उत्पन्न करते हैं। माता गांधारी तो निमित्त बनीं। अन्यों से यादवों का अंत असंभव है, परंतु अंत अनिवार्य भी है। इस अनिवार्यता को सिद्ध करने के लिए कुछ तो घटित होना ही चाहिए, अन्यथा इन वैश्विक देवों का घटनाचक्र व्यर्थ हो जाएगा।" कृष्ण ने एक-एक शब्द अलग करके कहा।

उद्धव कृष्ण की आधी बात समझ पाए, आधी नहीं समझ पाए। अपने आसन पर से उठकर उन्होंने कृष्ण के चरणों के पास स्थान ग्रहण किया। दोनों हाथ जोड़कर नतमस्तक होकर बोले, "वासुदेव, मैं आपसे मार्गदर्शन चाहता हूँ। मुझे बताएँ, मेरा कर्तव्य क्या है?"

: बारह :

कंस-वध के क्षण से लेकर कुरुक्षेत्र के मैदान तक उद्धव ने कृष्ण के अनेक रूपों के दर्शन किए थे। कठिन समस्याओं एवं विकट परिस्थितियों के बीच भी उनके ओष्ठद्वय पर विलसित भुवनमोहन स्मित का कभी विलयन नहीं हुआ था। उद्धव ने अनुभव किया कि कृष्ण के चेहरे पर वह करुणापूर्ण स्मित अब तक यथावत् है। लेकिन उस स्मित के साथ कुछ अपरिचित भी संयोजित हो गया है। उस परिचित तत्त्व को समझने के लिए उद्धव एक क्षण कृष्ण की ओर अपलक नेत्रों से देखते रहे।

"उद्धव!" कृष्ण बोले, "तुम्हें जो अपरिचित लग रहा है, वह विराट् तत्त्व की ही एक छाया है। अब तुम्हें इस विराट् तत्त्व को समझने का प्रयास करना है।"

"मैं कुछ समझ नहीं पा रहा, माधव! मुझे स्पष्ट रूप से कहिए। आज रैवतक पर्वत की ढलान पर देखे हुए दृश्य से लेकर अब तक आश्चर्यों की एक शृंखला निर्मित हो रही है; उस पर अब आप पूर्णविराम रखिए।" उद्धव ने कहा।

"वत्स! तुमने रैवतक की वनराजि में जो दृश्य देखा वह दृश्य महर्षि कश्यप के शाप की ओर यादवों का स्वेच्छया प्रयाण है।" कृष्ण एक क्षण रुककर

फिर धीरे से बोले, "उद्धव, द्वारकापुरी में महाराज उग्रसेन ने मद्य-निषेध घोषित किया है।"

"क्या कह रहे हैं, श्रीकृष्ण!" उद्धव चौंक उठे, "महाराज ने यदि मद्य-निषेध किया है तो यादवकुमार इस तरह मद्यपान कैसे कर सकते हैं! राजाज्ञा का यह उल्लंघन तो दंडनीय है।"

"कितनों को दंडित करेंगे, उद्धव? स्वयं ज्येष्ठ भ्राता दाऊ भी इस दंड पात्रता से मुक्त नहीं हैं।"

उद्धव स्तब्ध हो गए। उनकी वाणी जैसे अवरुद्ध हो गई। राजा उग्रसेन ने जिसे प्रतिबंधित किया हो और वासुदेव कृष्ण ने जिसका अनुमोदन किया हो, ऐसे कृत्य का यादव परिवार में आचरण करना तो क्या, सोचना भी उद्धव के लिए अकल्पनीय था। रैवतक वनराजि के पास अपनी अप्रत्याशित उपस्थिति से यादवकुमारों के अस्वस्थ हो जाने का रहस्य उद्धव समझ गए।

"परंतु जो दंड का पात्र है उसे अदंडित नहीं रखा जा सकता।" उद्धव ने कहा, "वह राजदंड का धर्म है, श्रीकृष्ण!"

"धर्म के उस अघोषित अनुशीलन के लिए ही मैं तुम्हारा साथ चाहता हूँ, उद्धव! यादवों के नाश के लिए माता गांधारी का शाप तो पर्याप्त है ही, महर्षि कश्यप का शाप भी उन्हें ग्रसित कर रहा है। इन दोनों शापों के चरितार्थ होने के क्षण अब निकट आ गए हैं; उसी का यह संकेत है। यादवकुमारों ने महर्षि कश्यप जैसे ऋषि के साथ जो अशोभनीय वर्तन किया···" कृष्ण के चेहरे पर वेदना की एक रेखा प्रकट होते ही लुप्त हो गई।

उद्धव सुनते रहे। यादवकुमारों का उद्दंड वर्तन उनके लिए अकल्पनीय ही नहीं, अत्यंत आघातजनक भी था। वसुदेव एवं देवकी, कृष्ण एवं रुक्मिणी, बलराम एवं रेवती जैसे युगलों की संतानों में ऐसी विकृति कहाँ से प्रविष्ट हुई, यह रहस्य उद्धव बूझ न सके। अठारह अक्षौहिणी सेना के बीच टिटिहरी के निर्दोष बच्चों की सुरक्षा की आकांक्षा करनेवाले कृष्ण की इन संतानों का महातपस्वी ऋषि के साथ ऐसा वर्तन करना कैसे संभव है? उद्धव ने सोचा, इसका अपयश केवल मद्य को नहीं दिया जा सकता। मद्यपान तो यादव दीर्घकाल से कर रहे हैं। ऐसा तो कभी नहीं हुआ था। यादवकुमारों की यह उच्छृंखलता असामान्य थी। महाकाल का ही यह कोई संकेत है। कृष्ण यह संकेत समझ न सकें, ऐसा कैसे संभव है!

"जो निर्मित है उसका स्वीकार आपसे अधिक गौरवपूर्ण ढंग से भला कौन कर सकेगा, वासुदेव!" उद्धव ने जैसे एक उद्‌गार निकाला।

एक क्षण नीरवता छा गई। दूसरे क्षण कृष्ण ने कहा, ''उद्धव, निर्माण को गौरवपूर्ण ढंग से चरितार्थ करने के लिए मैंने एक आयोजन निर्धारित किया है। कल मैं यादव सभा में एक प्रस्ताव रखूँगा। दीर्घकाल से मद्य-निषेध के कारण व्याकुल सभी यादवों को मैं तीर्थाटन पर प्रभासक्षेत्र ले जाने का आयोजन कर रहा हूँ। मेरे इस प्रस्ताव को राजा उग्रसेन का अनुमोदन तो प्राप्त होगा ही और द्वारका से बाहर मुक्त मन से मद्यपान के साथ आहार-विहार प्राप्त होने की संभावना से सभी यादव भी उत्तेजित हो जाएँगे।'' कृष्ण एक क्षण को रुक गए।

प्रभासक्षेत्र में तीर्थाटन के लिए जाने से क्या हेतु सिद्ध होगा, उसे तत्काल तो उद्धव समझ न सके। उद्धव समझ न पाए कि द्वारका में जो मुक्ति अप्राप्य थी उस मुक्ति को अमर्यादित रूप से प्रभासक्षेत्र में उपलब्ध करा देने से यादवों का कौन सा श्रेय कृष्ण सोच रहे हैं।

''अनायास प्राप्त होनेवाली यह मुक्ति यादवों को अनियंत्रित कर देगी, उद्धव।'' कृष्ण ने अदृश्य भवितव्य में दृष्टि स्थिर करते हुए कहा, ''दो-दो शापों से घिरे हुए और महाकाल की सीमा में प्रविष्ट हो चुके यादव विवेक नहीं रख सकेंगे। मद्यपान एवं अविवेक दोनों का संयोजन इस समग्र घटनाचक्र पर पूर्णविराम लगा देगा।'' मानो अज्ञात लोगों की बात कर रहे हों, ऐसी तटस्थता से कृष्ण ने कहा।

उद्धव अवाक् रह गए। कृष्ण के आयोजन का अर्थ स्पष्ट था। अब समग्र यादव कुल तीव्रता से अपने संध्याकाल को लाँघकर अंधकार में प्रवेश कर रहा था। अंधकार को निरंतर दूर रख सके, ऐसा प्रकाश एकमात्र कृष्ण थे—और इस क्षण तो स्वयं कृष्ण उस प्रकाश को लुप्त कर रहे थे। उद्धव ने सोचा, कृष्ण का यह कृत्य कृष्णत्व की पराकाष्ठा जैसा है। कृष्ण के सिवा अन्य कौन इस परम कर्म को निभा सकता है!

''सभी यादवों के साथ मैं भी आपके चरणों में विलीन होकर अवतार-कृत्य समाप्त करूँगा। श्रीकृष्ण, मुझे भी अनुमति दीजिए।'' उद्धव ने कृष्ण के चरणों में मस्तक नवाकर स्वस्थतापूर्वक कहा।

''विलय उन्हीं का होना चाहिए जिनके कर्मों की समाप्ति हो गई हो। प्रत्येक जीवन के निश्चित कर्म होते हैं, उद्धव! मनुष्य अपने कर्मों को पहचान ले, उनका अनुसरण करे एवं उसकी समाप्ति के साथ विलय को स्वीकार करे, यही तो है यह घटनाचक्र! यादवों के कर्म समाप्त हो चुके हैं। परंतु, उद्धव...''

''परंतु क्या, श्रीकृष्ण?'' उद्धव बोल उठे।

''परंतु तुम्हारे कर्म अभी शेष हैं।'' कृष्ण ने मेघ-गर्जना की प्रतिध्वनि जैसे

गहरे, किंतु गंभीर स्वर में कहा।

"अब किसी कर्म में लिप्त कर जन्मांतर की यह यात्रा असीम बनाने की क्या आवश्यकता है?" उद्धव ने प्रश्न किया।

"इसके बाद तुम्हें जो कर्म करना है उसे निर्लिप्त भाव से करना, उद्धव! योगी को कोई भी कर्म लिप्त नहीं करता। आसक्ति ही कर्मों को दूषित करती है।" कृष्ण ने वात्सल्य भाव से उद्धव के शीर्ष पर सतही स्पर्श करके कहा।

"मेरा कौन सा शेष कर्म इंगित है?" उद्धव ने शरणागति स्वीकारते हुए कहा।

कृष्ण के चेहरे पर एक अपूर्व आभा प्रकट हुई। उद्धव उस आभा की ओर देखकर रोमांचित हो उठे। उन्होंने सुना था कि कुरुक्षेत्र की रणभूमि में कृष्ण ने प्रिय सखा अर्जुन को विराट् रूप का दर्शन कराया था। विराट् रूप के प्राकट्य के क्षणों में कृष्ण का चेहरा क्या ऐसी ही अपूर्व आभा से देदीप्यमान् हुआ होगा? अपने आप ही उनके दोनों हाथ जुड़ गए।

"प्रभासक्षेत्र में यादव महाकाल के चरणों में विलीन हो जाएँगे, इसका अर्थ क्या स्वयं श्रीकृष्ण···" उद्धव आगे न बोल सके। उनका कंठ रुँध गया।

"कृष्ण भी यादव ही हैं न! और प्रभासक्षेत्र से अधिक पवित्र स्थल अन्य कौन सा हो सकता है! फिर महर्षि कश्यप की अनुकृपा से प्राप्त मूसल भी समुद्र के जल के बीच ही कहीं स्थान लेकर किसी तट पर महर्षि के शाप को यथार्थ करने के लिए प्रतीक्षा कर रहा होगा। अब यह प्रतीक्षा भले पूर्ण हो, तुम्हें जो कर्म करना है वह केवल तुम ही कर सकोगे।"

कृष्ण के चेहरे पर फिर वही अपूर्व आभा प्रकट हुई, "तुम गोकुल जाना, उद्धव! और गोकुल में एक युग जितने समय से प्रतीक्षारत राधा को संदेश देना कि गोकुल छोड़ने की रात्रि जैसे कृष्ण तुम्हारे साथ थे वैसे राधा, तुम भी आज इस समष्टि के विलय के समय कृष्ण के साथ ही हो।"

उद्धव के लिए यह अद्‌भुत एवं रोमांचक दृश्य था। राधा की मनोदशा से तो उद्धव परिचित थे, किंतु कृष्ण के चित्त के इस मनो-व्यापार के दर्शन तो अद्‌भुत थे। मथुरा, द्वारका, हस्तिनापुर, प्राग्ज्योतिषपुर में सर्वत्र व्याप्त कृष्ण का यह विभूति दर्शन तो शायद अर्जुन ने भी नहीं किया होगा। उद्धव अपने इस सौभाग्य से गद्‌गद हो गए।

"और तत्पश्चात् तुम गोकुल से बदरीधाम चले जाना, उद्धव। बदरीधाम में कालक्रमानुसार तुम्हें उपराम प्राप्त होगा।" कृष्ण ने कहा। उनका चेहरा अब पूर्ववत् चिरपरिचित स्मित से परिपूर्ण था।

"आपके इस दर्शन को प्रणाम करूँ या आपको यथातथ्य प्राप्त न कर सकनेवाले हम सबकी निंदा करूँ, यह मैं समझ नहीं सकता।" उद्धव जैसे स्वयं के साथ संवाद करते हुए बोले।

"प्रशंसा एवं निंदा दोनों त्याज्य हैं, उद्धव! ये दोनों भावनाएँ द्वैत का सृजन करती हैं। तुम्हारा आगामी जीवन मार्ग अद्वैत की ओर हो।" कृष्ण ने कहा, "वाणी, मन एवं इंद्रिय—ये तीनों अब लय की दिशा में गतिशील करना, उद्धव।"

"यह कैसे संभव होगा, केशव?" उद्धव ने पूछा।

"वाणी का उच्चारण, मन का विचार एवं इंद्रिय का आचार—इन तीनों का एकत्व एवं इस एकत्व के अंत में वह अलिप्त भाव तुम्हें उस मार्ग पर ले जाएगा।" जैसे कोई आकाशवाणी हो रही हो वैसे कृष्ण के ये शब्द उद्धव सुनते रहे।

"परंतु अच्युत, गोकुल में राधा को जब मैं यह वृत्तांत कहूँगा तब अपने चित्त की स्थिति की मैं कल्पना नहीं कर सकता। उस क्षण राधा के चेहरे के भाव कैसे होंगे, यह सोचते हुए मेरा अस्तित्व जैसे इस क्षण भी विगलित हो उठता है।" उद्धव ने रुँधे हुए कंठ से कहा।

"उद्धव, वत्स! अब से तुम देह नहीं, निर्भ्रांत आत्मा हो। आत्मा से कोई संवेदना या भाव उत्पन्न नहीं होता। देह के धर्म देह के साथ ही संलग्न रहने देना। वे धर्म तुम्हारी आत्मा को विचलित न करें, यह देखना तुम्हारा कर्तव्य है।" कृष्ण ने बात समाप्त करते हुए कहा।

उद्धव समझ गए। समाप्ति के इस क्षण को स्वीकार करने का धन्य पल उपस्थित हो चुका था। कृष्ण ने उनके लिए जो शेष कर्म निर्माण कर दिया है उस कर्म की पवित्रता एवं उसका रहस्य, दोनों जैसे उद्धव समझ गए। उन्होंने सोचा, युगांत के इन क्षणों में युगपुरुष के पास वे किस प्रसाद की अपेक्षा कर सकते हैं? अब तक उन्होंने समग्र विश्व का तीर्थाटन किया था; असंख्य ब्रह्मर्षि, राजर्षि एवं सामान्य जनसमूह से मिल चुके थे। यमुना-तट पर रासलीला से आरंभ की हुई जीवन-यात्रा में बहुत कुछ घटित हो चुका था। उन्होंने कृष्ण के चरणों में दृष्टि स्थिर की। आगामी यात्रा एकाकी होगी। जिस भूमि पर अब तक वे विचरण करते थे वह भूमि कृष्ण के इन चरणों से संस्पर्शित हो चुकी थी। कृष्ण के चरणों से अस्पर्शित भूमि पर वे आगामी यात्रा कैसे कर सकेंगे? राधा के समक्ष जब वे उपस्थित होंगे एवं कृष्ण के विलय के वृत्तांत से उसे अवगत कराएँगे, तब उद्धव अपने पैरों पर खड़े कैसे रह सकेंगे?

—अब से तुम देह नहीं, निर्भ्रांत आत्मा हो। आत्मा से कोई संवेदना या भाव

उत्पन्न नहीं होता। देह के धर्म देह के साथ ही संलग्न रहने देना। वे धर्म तुम्हारी आत्मा को विचलित न करें, यह देखना तुम्हारा कर्तव्य है।...

कुछ क्षण पूर्व ही उच्चरित कृष्ण के शब्द उद्धव के कानों में गूँज रहे थे। उद्धव को लगा, क्या कृष्ण ने एक बार फिर कुछ कहा? उन्होंने सोचा, कृष्ण बोलते ही रहें तो कितना अच्छा हो। उन्होंने कृष्ण के होंठों की ओर देखा—होंठ स्थिर थे, तो उद्धव ने पुन: ये शब्द कहाँ से सुने?

उद्धव ने दृष्टि नीचे झुका दी।

अचानक नीचे झुकी हुई वह दृष्टि कृष्ण के चरणों में स्थिर हो गई। कृष्ण द्वारा धारण की हुई पादुका की ओर उद्धव देखते रहे। थोड़े दिनों बाद कृष्ण-विहीन हो जानेवाली भूमि पर उनके पैर कैसे स्थिर रह सकेंगे, ऐसा जो भय उद्धव के मन में प्रकट हुआ था उसका तत्क्षण निवारण हो गया। जिस पादुका ने कृष्ण की देह को अपने अंक में धारण किया हो उस पादुका से विशेष पवित्र एवं सभी उत्तापों का शमन करने का सामर्थ्य अन्य किसमें होगा! उद्धव को लगा कि आगामी शेष जीवन चाहे जैसा एवं जितना दीर्घ हो, परंतु यदि कृष्ण-चरणों का यह प्रसाद उन्हें प्राप्त हो जाए तो...

"क्या सोच रहे हो, उद्धव?" कृष्ण का स्वस्थ एवं पूर्ववत् स्वर सुनाई दिया।

"एक प्रार्थना है, माधव?" नीचे झुका हुआ मस्तक ऊपर उठाए बिना ही उद्धव ने धीरे से कहा, "आगामी जीवन-यात्रा में श्रीकृष्ण का संस्पर्श प्राप्त कर सकूँ, ऐसा सौभाग्य मुझे दीजिए।" अचानक हाथ फैलाकर कृष्ण के चरणों की पादुकाओं पर अपनी दोनों हथेलियाँ रखते हुए उद्धव लगभग रो पड़े, "आप अपनी ये पादुकाएँ...मेरी आगामी शेष जीवन-यात्रा में...मेरे पास ही रहने दीजिए, श्रीकृष्ण! जिन पादुकाओं ने एक समग्र युग को अपने में समाविष्ट किया है उन्हें मुझे दीजिए। इस पादुका के साथ मैं बदरीधाम में अलकनंदा के तट पर हिमालय के दर्शन करते हुए आपकी प्रतीक्षा करूँगा।"

कृष्ण कुछ न बोले। उन्होंने तनिक नीचे झुककर उद्धव के दोनों कंधे पकड़कर अपने पाँव हटा लिये। समग्र द्वापर युग के इतिहास को अंकित करनेवाली पादुकाएँ अब उद्धव के हाथ में थीं और कृष्ण के चरण निरावरण थे। उद्धव ने पादुकाएँ मस्तक से लगाईं और कृष्ण की ओर देखा।

उद्धव की आँखों की आड़ में लिपटे हुए अश्रुबिंदु के आर-पार जैसे एक नहीं, असंख्य कृष्णों से अंतरिक्ष छा गया था।

: तेरह :

दूसरे दिन यादव सभा ने एक अप्रत्याशित आश्चर्य का अनुभव किया।

"महाराज उग्रसेन!" कृष्ण ने सभा के बीच खड़े होकर सिंहासनारूढ़ वयोवृद्ध राजा के समक्ष सिर तनिक झुकाकर कहा, "समस्त यादव कुल दीर्घकाल से द्वारका के दुर्ग में निरंतर एकरूप दिन व्यतीत कर रहा है। जीवन-यात्रा में समयांतर में विश्रांति जैसे तीर्थाटन अनिवार्य हैं। इस समय आर्यावर्त्त लगभग कुशल से है एवं द्वारका उसके दुर्ग से पूर्ण सुरक्षित है। ऐसे समय में सभी स्वजनों को साथ लेकर तीर्थाटन पर जाना एक पवित्र एवं आनंदप्रद घटना है। मैं महाराज से प्रार्थना करता हूँ कि वे सभी यादवों को प्रभासक्षेत्र, तीर्थाटन हेतु, जाने की अनुमति दें।"

कृष्ण का यह प्रस्ताव इतना अप्रत्याशित था कि राजा उग्रसेन के साथ समग्र यादव सभा आश्चर्यचकित हो उठी। अचरज की यह प्रथम प्रतिक्रिया समाप्त हुई तब उत्साह एवं आनंद की अनुभूति ने गहराती बाढ़ के समान सभी सभाजनों को निमग्न कर दिया। राजा उग्रसेन के कुछ प्रतिक्रिया व्यक्त करने से पहले ही सभी सभाजनों ने उच्च उद्गार से श्रीकृष्ण के इस प्रस्ताव का हर्षोल्लास से स्वागत किया।

"वासुदेव श्रीकृष्ण!" कृतवर्मा ने जैसे सभी की भावना को प्रतिध्वनित करते हुए कृष्ण की बात का समर्थन किया, "आपका यह प्रस्ताव अत्यंत सत्कार योग्य एवं समयोचित है। मैं महाराज उग्रसेन से विनती करता हूँ कि वे आपकी इस इच्छा का अनुमोदन करें।"

"महाराज की जय हो!" समग्र यादव सभा ने जैसे कृष्ण के प्रस्ताव को एक स्वर में स्वीकार कर लिया।

"सभी यादव वीरों की इच्छा हो और जिस इच्छा का नेतृत्व स्वयं श्रीकृष्ण कर रहे हों, उसे अन्य किसी औपचारिक समर्थन की आवश्यकता नहीं है।" महाराज उग्रसेन ने गंभीर किंतु सत्ताधारी स्वर में, चेहरे पर स्मित लाते हुए कहा, "श्रीकृष्ण के प्रस्ताव को स्वीकार किया जाता है। आनेवाले शुक्लपक्ष में शुभ मुहूर्त एवं तिथि देखकर सभी यादव प्रभासक्षेत्र तीर्थाटन हेतु जाएँगे और उसके लिए पूर्व तैयारियाँ करने का मैं आदेश देता हूँ।"

एक बार फिर यादव वीरों ने राजा के इस उद्बोधन का अपने-अपने शस्त्र ऊपर उठाकर उत्साह से स्वागत किया। कृष्ण निरपेक्ष भाव से आप्तजनों के इस उत्साह को देखते रहे। उनके चेहरे का स्मित अधिक मुखरित हुआ। स्वजनों के

तीर्थाटन विषयक उत्साह को वे समझ गए थे। इस उत्साह को अधिक मुखरित करने के लिए उन्होंने कहा, "यादव वीरो! द्वारका के दुर्ग में बीत रहे दिन एवं प्रभासक्षेत्र में व्यतीत होनेवाला समय एक नहीं होगा। द्वारका का दुर्ग सीमाबद्ध है और इस सीमा के बीच हम जीवन-मर्यादाओं से घिरे हुए हैं। प्रभासक्षेत्र में इन मर्यादाओं से हम मुक्त होंगे।" जैसे किसी बात का संकेत करते हुए कृष्ण ने कहा।

और जैसे इस संकेत का मर्म समझ गए हों वैसे यादव अधिकाधिक उत्साहित हो गए। अब उनके उत्साह में उत्तेजना भी व्याप्त थी, यह समझने में कृष्ण को देर न लगी। उनके चेहरे पर संतोष प्रकट हुआ। परंतु संतोष के इस भाव को समझ सके, ऐसी एकमात्र दृष्टि उद्धव में थी। अन्य यादवों की दृष्टि तो प्रभासक्षेत्र के संभावित प्रमोद पर स्थिर हो गई थी। केवल उद्धव कृष्ण के चेहरे की ओर अनिमेष नेत्रों से देख रहे थे।

तीर्थाटन की पूर्व तैयारियाँ उत्साहपूर्वक आरंभ हो चुकी थीं। सबसे प्रथम द्वारका से सोमनाथ तक नौकाओं द्वारा जाना एवं सोमनाथ क्षेत्र में शिवलिंग का पूजन करके अश्वों व रथों द्वारा या पैदल प्रभासक्षेत्र जाने का आयोजन किया गया। केवल खाद्य पदार्थ ही नहीं बल्कि उत्तम प्रकार के मद्य भी इस पूर्व तैयारी में शामिल किए गए। यादवकुमार ही नहीं बल्कि कृतवर्मा, अक्रूर, सात्यकि एवं स्वयं राजा उग्रसेन भी आयु, ज्ञान या अनुभव सबकुछ भुलाकर इन तैयारियों में मग्न हो गए थे। कृष्ण के लिए यह अल्प भी आश्चर्यजनक नहीं था।

कृष्ण के मन में जो अगम्य आश्चर्य था वह तो इतना ही था कि ज्येष्ठ भ्राता बलराम इन सबसे अलिप्त हो गए थे। बलराम के मद्य-प्रेम एवं सौंदर्य-प्रेम से कृष्ण अनभिज्ञ नहीं थे। फिर भी उत्सव जैसे इस वातावरण से बलराम प्रायः विरक्त हो गए थे। उनकी विरक्ति की यह स्थिति कृष्ण के लिए एक रोमांचक रहस्य था। यादव सभा में कृष्ण का प्रस्ताव सुनकर बलराम जैसे अवाक् हो गए थे। उसके अलावा कृष्ण ने मर्यादा एवं मुक्ति की जो बात कही थी, उससे बलराम क्षुब्ध हो गए थे। उनके मन में गहरे कहीं ऐसी प्रतीति दृढ़ हो गई थी कि मद्य-निषेध की घोषणा के उपरांत भी वे मद्यपान करते हैं, इस बात से कृष्ण अवश्य भिज्ञ होने चाहिए। कृष्ण की बातों से उनकी यह भिज्ञता जैसे प्रतिध्वनित हो रही थी। इसका अर्थ यह हुआ कि कृष्ण अब किसी परम आयोजन के बारे में सोच रहे हैं। जिस कृष्ण ने स्वयं ही यादव सभा के लिए मद्य-निषेध घोषित करवाया था और इस तरह महर्षि कश्यप के शाप के बाद का भय कम करने का प्रयत्न किया था, वही कृष्ण अब इस प्रकार मद्य-निषेध को व्यर्थ करनेवाले तीर्थाटन का आयोजन करें एवं

व्यर्थता को सभी समझ सकें उस प्रकार स्पष्ट करें, यह बात बलराम के लिए असामान्य एवं चिंता-प्रेरक थी। उन्हें गहरे कहीं स्वयं अपराधी होने का भाव पीड़ित कर रहा था। कृष्ण ने चाहा होता तो मद्य-निषेध को भंग करने के लिए सभी को दंडित करवा सके होते; किंतु इन सबको कुछ भी शिक्षा न देकर कृष्ण ने जैसे यह समस्त शिक्षा स्वयं को दी हो, ऐसी संवेदना का बलराम अनुभव कर रहे थे। यह अनुभव वेदनापूर्ण था।

निश्चित दिन एवं निश्चित समय पर प्रातःकाल सभी यादव द्वारका के दुर्ग के बाहर एकत्र हुए थे। पूर्वनिर्धारित नौकाएँ तैयार थीं। नौकाओं पर फहराते ध्वजों की फरफराहट वायु में एक सुरीला स्वर उत्पन्न कर रही थी। समुद्र की लहरें इस संगीत के साथ ताल मिलानेवाली ध्वनि प्रकट कर रही थीं। कृष्ण ने अपने गवाक्ष में से प्रातःकाल के आकाश की ओर देखा। चंद्र के आस-पास तेजस्विता के बदले अंधकार की रेखा अंकित हो गई हो, ऐसे वृत्त दृष्टिगत हो रहे थे। क्षितिज से तनिक ऊपर पीले रंग का अज्ञात आकार चमक रहा था। आकाशगंगा के ये संकेत कृष्ण समझ गए। उन्होंने एक गहरी साँस लेकर अति वृद्ध पिता वसुदेव एवं माता देवकी के प्रासाद की दिशा में पग बढ़ाए। अब द्वारका में पिता वसुदेव एवं प्रपौत्र वज्र दो ही शेष रहनेवाले थे। अन्य सभी तो तीर्थाटन के उत्साह में कभी के दुर्ग से बाहर निकलकर नौकाओं की ओर जा रहे थे।

माता-पिता के कक्ष में प्रवेश करके कृष्ण ने सबसे पहले पिता को प्रणाम किया। वसुदेव की काया महाकाल के थपेड़े झेलकर जैसे स्वयं काल के संस्पर्श जैसी बन गई थी।

''कल्याणमस्तु, वत्स!'' पिता ने आशीर्वचन उच्चारित किए।

पिता के कंठ में से प्रकटित शब्द जैसे किसी मानुषी मर्यादा के बाहर हों वैसे उनकी प्रतिध्वनि बहुत समय तक वायु में गूँजती रही। पिता के चरण-स्पर्श करके कृष्ण ने माता देवकी के चरणों में मस्तक झुकाया।

''दीर्घायु भव, पुत्र!'' माता ने कंपित हाथ तनिक फैलाकर पुत्र के शीर्ष का स्पर्श किया। कृष्ण ने वह स्पर्श यथावत् रहने दिया। कुछ क्षण उन्होंने सिर ऊपर नहीं उठाया। पुत्र के सिर पर स्थित हाथ की उँगलियाँ अधिक कंपित हुईं, तब कृष्ण ने सिर उठाकर माता की ओर देखा, तत्पश्चात् वह कंपित हाथ पकड़कर उनके चरणों के पास बैठ गए।

''तीर्थाटन सफल-संपन्न करके जल्दी वापस लौट आना, पुत्र!'' पिता ने इच्छा व्यक्त की।

"और तुम जब तक वापस नहीं आओगे तब तक हम तुम्हारी प्रतीक्षा करेंगे, कृष्ण!" माता देवकी ने तनिक चलित होनेवाले शब्दों के साथ कहा।

कृष्ण को लगा, सचमुच शब्द ही चलित हो रहे थे या स्वयं वे ही चलित हो रहे थे?

"माँ, आवागमन का अवलंबन परमात्मा को सौंप दें। जो परमात्मा अपनी इच्छा से तीर्थाटन पर बुला रहा है उसी परमात्मा की इच्छा सर्वोपरि है।" कृष्ण ने संदिग्धता से कहा।

"ऐसा मत कहो, पुत्र!" माता ने धीरे से कहा, "जिस रात्रि मैंने तुम्हें जन्म दिया था उसी रात्रि तुम्हारा त्याग किया था..."

"नहीं माँ, आपने नहीं किया था। मेरे परम हित की रक्षा के लिए आपने अपने मातृत्व को अंतर में गोपित रखा था। मातृत्व की वह वेदना आपने झेली थी।" कृष्ण ने कहा।

"उस दिन तो तुम्हें छाती से लगाकर दूध पिलाने के बदले मैंने तुम्हें गोकुल भेज दिया था। तब तुम कब लौटोगे, ऐसा मैंने तुमसे नहीं पूछा था। शायद पूछा होता तो तुम उसका उत्तर भी न दे सके होते।" देवकी ने एक क्षण मथुरा के कारागार में कृष्ण-जन्म के क्षण को याद करते हुए कहा, "परंतु पुत्र, आज मैं तुमसे अवश्य पूछ रही हूँ कि तीर्थाटन से तुम कब वापस लौटोगे?"

कृष्ण एक क्षण माता के चेहरे की ओर देखते रहे। मथुरा के कारागार में जननी ने यदि यह प्रश्न पूछा होता तो शायद वे उत्तर न दे सकते। तब उसका यथार्थ उत्तर कृष्ण जानते भी नहीं थे। परंतु माता जो प्रश्न पूछ रही थीं उसका उत्तर तो कृष्ण अवश्य जानते थे; किंतु यह जानकारी माता के समक्ष कैसे प्रकट करें? मोहवश अर्जुन को या कर्मज्ञान माँगनेवाले उद्धव को 'गीता' का उद्‌बोध करानेवाले स्वयं कृष्ण इस क्षण केवल पुत्र बन गए।

"माँ, मुझे आशीर्वाद दीजिए! केवल कल्याणमय मार्ग पर ही हम सबकी गति हो!" कृष्ण ने धीरे से कहा।

"और पुत्र!" पिता वसुदेव ने कहा, "जननी जैसे तुम्हारी प्रतीक्षा करेगी वैसे मैं भी एक धन्य पल की अंतिम अपेक्षा रखता हूँ।"

"आज्ञा कीजिए, पिताजी!"

"उस रात्रि को भयंकर रात्रि कही जाए या मंगल रात्रि, यह मैं अब तक निश्चित नहीं कर पाया हूँ। तुम्हारे जन्मदाता के रूप में तुम्हारी रक्षा करना मेरा धर्म था। उस धर्म का परिपालन मैं न कर सका।..." वसुदेव का कंठ रुँध गया।

"ऐसा मत कहिए, पिताजी! मुझे गोकुल में छोड़कर जाने में आपने उस धर्म का ही अनुसरण किया था।"

"हाँ, परंतु मुझे निरंतर ऐसा अनुभव होता रहा है कि मुझे मथुरा में ही तुम्हारी रक्षा करनी चाहिए थी।" वसुदेव बोले, "अब तो यही अपेक्षा है कि तुम मुझे मेरे अंतिम चरण में साथ रहकर विदा करो।"

"अर्थात्?" कृष्ण ने तनिक चौंककर पूछा।

"वत्स!" वसुदेव वैसे ही प्रगल्भ स्वर में बोले, "ये देह धर्म अब समाप्त हो रहे हैं। आत्मा जब ब्रह्म में विलीन हो उस क्षण उपस्थित रहकर तुम्हारी जलांजलि प्राप्त करके मैं धन्य होना चाहता हूँ।"

कक्ष में सन्नाटा फैल गया। आकाश में अभी तक पूर्व दिशा प्रकाशमान नहीं हुई थी। कृष्ण ने दक्षिण दिशा में देखा। दक्षिण में पीतवर्ण का वह अज्ञात आकार गाढ़ा बन गया था। कृष्ण के चेहरे पर विलसित स्मित एक क्षण के लिए संकीर्ण हो गया। पिता की इच्छा स्पष्ट थी। इतने वर्षों से पिता अपने मन में एक अपराध-भाव रखकर स्वयं को पीड़ित कर रहे थे। उस पीड़ा का शमन तभी हो सकता है जब पिता की आत्मा ऊर्ध्व की ओर प्रयाण करे, तब पुत्र उनकी अनंत यात्रा के मार्ग में जलांजलि देकर उन्हें प्रसन्न करे। कृष्ण ने सोचा—महाकाल की यह कैसी विडंबना है! जिस प्रश्न का उत्तर वे जानते हैं उसे जानते हुए भी माता को बता नहीं सकते और पिता जिस अंतिम इच्छा को प्रकट कर रहे हैं उस इच्छा का पालन वे कर नहीं सकेंगे।

"पिताजी, प्रत्येक यादवकुमार में पिता वसुदेव एवं पुत्र कृष्ण के अंशों का विलसन हो रहा है। द्वारका की वायु एवं आकाश, द्वारका के सागर एवं भूमि में सर्वत्र इन अंशों का प्रसारण हो चुका है। आप प्रत्येक साँस में इसका अनुभव कर सकेंगे।" कृष्ण ने उत्तर दिया।

एक बार पुनः मौन फैल गया। दुर्ग के बाहर से समुद्र-तट पर उत्तेजित यादवों की पुकार यहाँ तक सुनाई दे रही थी। कृष्ण ने चेहरा घुमाकर चारों ओर देखा। दिशाओं के देवों को नमन कर रहे हों मानो उन्होंने फिर एक बार मस्तक झुकाया और फिर माता-पिता के चरणों को स्पर्श करके खड़े हो गए।

"कल्याणमस्तु, वत्स!" माता-पिता के होंठों से एक साथ उद्गार प्रकट हुए।

कृष्ण धीरे से बाहर निकल गए।

सागर की तरंगों पर बहनेवाली नौकाएँ जब सोमनाथ के किनारे पहुँचीं तब दिन का तीसरा प्रहर समाप्त होने की तैयारी में था। अब यहाँ से प्रभासक्षेत्र तक की

यात्रा अश्वों एवं रथों द्वारा होगी। उत्साहित यादव वीरों ने भगवान् सोमनाथ का पूजन करने के लिए शीघ्रता से समुद्र-स्नान किया और इसके बाद सोमनाथ के शिवलिंग पर जलाभिषेक आदि अर्घ्य समर्पित करके वंदना की। शिव-निर्माल्य के बेलपत्र एवं पुष्पों को नेत्रों तथा मस्तक से लगाकर सबने अपनी-अपनी सवारियों की ओर त्वरा से प्रयाण आरंभ किया। सूर्यास्त से पूर्व ही प्रभासक्षेत्र पहुँचकर हिरण एवं कपिला नदियों के संगम-स्थान पर आज की रात व्यतीत करने के लिए सब अधीर हो रहे थे। उनकी इस अधीर मनोदशा को कृष्ण जानते थे और इसीलिए सोमनाथ क्षेत्र में अधिक समय व्यतीत करने के बदले सभी संध्याकाल पूर्व प्रभासक्षेत्र पहुँच जाएँ, ऐसी सम्मति उन्होंने दी थी। प्रभास की ओर प्रस्थान कर रहे यादव वीरों की परछाइयाँ सोमनाथ के सागर-तट पर फैल रही थीं; परंतु ये परछाइयाँ पूर्वाभिमुख नहीं, दक्षिणाभिमुख थीं। उस सत्य की ओर कृष्ण के सिवा अन्य किसी का ध्यान नहीं था।

रथ एवं अश्व जब प्रयाण करने लगे तब कृष्ण ने देखा कि ज्येष्ठ भ्राता दाऊ शिवलिंग के सम्मुख ही समुद्र-तट पर पद्मासन में ध्यानस्थ होने के पूर्व की स्थिति में अभी तक बैठे हैं। कृष्ण ने उनके सामने जाकर प्रणाम करके कहा, ''बड़े भैया, संध्याकाल हो रहा है। सारथि हमारी प्रतीक्षा में है।''

बलराम ने कोई प्रतिक्रिया न दिखाई। वे वैसी ही शांत अवस्था में बैठे रहे।

''दाऊ!'' कृष्ण ने उन्हें हिला दिया।

बलराम ने आँखें खोलीं। उनकी आँखें जैसे कृष्ण को नहीं देख रही थीं, बल्कि सामने फैली अपार जलराशि को पार करके अंतरिक्ष में उतर गई थीं।

''कृष्ण! भाई, तुम सब प्रयाण करो। मैं यहाँ ध्यान करना चाहता हूँ।'' बलराम ने कहा।

: चौदह :

रात्रि का अंधकार होने से पूर्व ही प्रभासक्षेत्र पहुँच जाने का अर्थ मद्यप्रिय बलराम न जानते हों, ऐसा तो संभव ही नहीं था। फिर भी वेग से आगे बढ़ रहे यादव वीरों से अलिप्त होकर इस बहुमूल्य समय को सोमनाथ के समुद्र-तट पर समाधि-अवस्था में व्यतीत करने की बलराम की इच्छा कृष्ण के लिए एक आश्चर्यजनक प्रश्नचिह्न का सृजन कर रही थी।

''दाऊ!'' कृष्ण ने कहा, ''अंधकार छा जाने से पहले ही प्रभासक्षेत्र पहुँच

जाने की हमारी धारणा है।''

''उस धारणा की मर्यादा अब मेरे लिए कोई प्रयोजन नहीं रखती, कृष्ण! मैंने एक निश्चय कर लिया है।'' बलराम ने गंभीर स्वर में कहा।

''निश्चय!'' कृष्ण ने कहा, ''इस समय तो प्रभासक्षेत्र पहुँचकर मुक्ति का आनंद लेना ही एकमात्र निश्चय है।''

बलराम ने कोई प्रतिक्रिया व्यक्त न की। उनकी आँखें एक क्षण सुदूर क्षितिज में गहरे पैठ गईं। समुद्र की लहरें तट पर आकर तीव्रता से टकरा रही थीं। शिव मंदिर की दीवारों के साथ टकराकर उनकी ध्वनि वातावरण में फैल जाती थी।

''दाऊ!'' बलराम के पास जाकर कृष्ण ने तनिक झुककर उनसे पूछा, ''किस सोच में डूबे हैं आप?''

''कृष्ण!'' बलराम ने अचानक जाग्रत् होते हुए कहा। उनका स्वर जैसे अंतरतम में से प्रकट हो रहा था, ''प्रभासक्षेत्र के आयोजन एवं माता गांधारी के शाप की समयावधि के बीच···''

''बड़े भैया!'' कृष्ण जैसे चौंक उठे, ''आप···आप···यह क्या कह रहे हैं?''

''क्या पिता वसुदेव के हम दोनों पुत्र जीवन-धर्मों की समाप्ति का स्वेच्छा से स्वीकार एक समान रूप से समझ नहीं सकते, ऐसा तुम्हें लगता है?''

कृष्ण एक क्षण बलराम के चेहरे की ओर देखते रहे। उन्हें लगा, क्या बलराम के चेहरे पर एक अभिनव प्रसन्नता प्रकट हो रही है? ऐसा चेहरा तो उन्होंने इतने वर्षों में कभी नहीं देखा था। कृष्ण को याद आया, पिता वसुदेव एवं माता देवकी ने जिसकी प्रतीक्षा की थी वह प्रतीक्षा अब···

''माधव!'' बलराम ने होंठ फड़फड़ाए, ''महर्षि कश्यप के शाप को हमें विस्मृत नहीं करना चाहिए।''

''वह मैं जानता हूँ, संकर्षण! उसकी स्मृति हमें ऊर्ध्वगामी बनाए, ऐसी प्रार्थना हम करें।''

''और उस प्रार्थना के लिए ही मैं अब इस समुद्र-तट पर योग-समाधि लेना चाहता हूँ। योग-समाधि पूर्व के इस पल में मैं तुमसे एक क्षमा-याचना करना चाहता हूँ, भाई।''

''यह आप क्या कह रहे हैं, दाऊ? आप तो मेरे ज्येष्ठ भ्राता···''

''अग्रज होना या अनुज होना तो ईश्वर-प्रदत्त रचना है। हमारे लिए तो केवल होना ही यथार्थ है। अस्तित्व के अंत से पूर्व के इस पल में···''

कृष्ण बलराम की यह स्पष्टोक्ति सुनकर एक क्षण के लिए अवाक् हो गए। बड़े भैया ने स्पष्ट ही कहा था। उनके मन में कृष्ण के इस समग्र आयोजन विषयक चल रहे विचार-संक्रमण के संकेत स्पष्ट उभर रहे थे।

"दाऊ! अंत का निर्माण तो आरंभ के साथ ही हो जाता है, और यह सत्य तो आप जानते ही हैं। होना भी कैसा भ्रम है, उसका साक्षात्कार भी हम सभी समयांतर में कर ही चुके हैं।"

"हाँ, परंतु अंत से पूर्व के पल में मेरे मद्य-प्रेम ने कृष्ण-प्रेम पर जो विजय प्राप्त की है, उस व्यथा से मुझे मुक्त होना है।"

कृष्ण जैसे बलराम का यह संकेत समझ गए। बलराम के अंतर में स्थित गोपित रहस्य से कृष्ण अनभिज्ञ नहीं थे। द्वारका में मद्य-निषेध घोषित होने के पश्चात् बलराम द्वारा सहे हुए आंतरिक संघर्ष की यह सूचना थी।

"मैं जानता हूँ, भाई।" बलराम ने आगे कहा, "मद्य-निषेध तो एक निमित्त था, परंतु वृष्णि वंशियों के लिए उनका सनातन गौरव अखंड रखने के लिए यह निमित्त अनिवार्य था। फिर भी हम उसे सँभाल न सके। अब इस असफलता को स्वीकार करने में कोई लज्जा या संकोच नहीं होना चाहिए। यादवों को यह गौरव प्राप्त होता रहे, इसके लिए तुमने बहुत कुछ किया; परंतु यादव उस गौरव से वंचित रहे, उस अपयश को मुझे स्वीकार करना चाहिए। समग्र यादव वंश को तो ठीक, परंतु कृष्ण…" बलराम का कंठ रुँध गया, "भाई, मैंने तुमसे भी छल…"

"ऐसा मत कहिए, बड़े भैया!" बलराम के एकदम निकट बैठते हुए कृष्ण ने उनके हाथ पकड़ लिये, "हम तो निमित्त हैं। कर्मों का निर्माण तो भवितव्य कर चुका होता है।"

"और फिर भी श्रुति ने हमें बार-बार सावधान किया है। कृष्ण, भूल गए! स्वयं यमराज ने बालक नचिकेता द्वारा मानव जाति को संदेश दिया है—

अन्यच्छ्रेयोऽन्यदुतैय प्रेय-
स्ते उभे नानार्थे पुरुषं सिनीतः।

श्रेय एवं प्रेय दो भिन्न तत्त्व हैं और ये तत्त्व ही बंधनकर्ता सिद्ध होते हैं।"

"जानता हूँ, बड़े भैया! और यह भी जानता हूँ कि सूर्यपुत्र यम ने इस मंत्र में यह भी सूचित किया है कि ग्रहण करनेवाला सदा कल्याण मार्ग पर ही प्रयाण करता है।"

"हाँ, किंतु मैंने द्वारका में श्रेय के बदले प्रेय का अनुसरण किया और यह

प्रेय-तत्त्व अब मेरे श्रेय-तत्त्व के मार्ग में विघ्न न बन जाए, इसलिए मुझे कह लेने दो, भाई! मैं तुम्हारा अपराधी हूँ, समग्र यादव परिवार का अपराधी हूँ। मैंने मंगल तत्त्वों एवं उदात्त भावनाओं का द्रोह किया है। बस, अब मुझसे कुछ मत पूछना, भाई! अब श्रेय के मार्ग पर मेरी गति हो, भगवान् शिव से तुम ऐसी प्रार्थना करना तथा हो सके तो अपने इस अग्रज का यह अपराध क्षमा कर देना।''

बलराम ने आँखें मूँद लीं, देह सीधी की, पद्मासन स्थिर किया। उनके चेहरे पर एक निर्विकल्प भाव फैल गया। उनके होंठ अल्प फड़फड़ाए—''कल्याणमस्तु!''

समुद्र की एक विशाल लहर किनारे पर आकर ऐसे छितरा गई कि कृष्ण के चेहरे एवं आँखों के पास भी नमी फैल गई। कृष्ण मौन रहे। उन्होंने दोनों हाथ जोड़कर नतमस्तक हो बलराम को प्रणाम किया और फिर दसों दिशाओं के देवों की वंदना करते हों, इस प्रकार चारों ओर देखा। सामने ही शिवलिंग स्थापित था। कृष्ण ने उस शिवलिंग के समक्ष हाथ जोड़कर आँखें मूँद लीं।

दूसरे ही क्षण कृष्ण ने पीठ फेर ली। जैसे उसी क्षण बलराम के साथ के दीर्घकालीन संबंधों की समाप्ति को उन्होंने स्वीकार कर लिया। क्या माता गांधारी एवं महर्षि कश्यप के शाप के चरितार्थ होने का आरंभ कृष्ण की धारणा से भी अधिक त्वरा से हो रहा था? अपने रथ के पास जाकर उन्होंने देखा—सभी यादव काफी दूर चले गए थे।

कृष्ण ने सारथि से कहा, ''दारुक, अब हम प्रभासक्षेत्र की ओर प्रयाण करेंगे।''

''परंतु यदुनंदन! ज्येष्ठ भ्राता संकर्षण बलराम···'' दारुक ने तनिक अचकचाहट के साथ कहा।

''दाऊ ऊर्ध्व गति की ओर प्रयाण कर रहे हैं, दारुक। अब उनकी प्रतीक्षा करने की आवश्यकता नहीं है।'' कहते हुए कृष्ण ने रथ में पैर रखे।

कृष्ण का रथ जब प्रभासक्षेत्र में पहुँचा तब रात्रि के दूसरे प्रहर का आरंभ हो चुका था। सभी यादव निश्चित स्थल पर पहुँचकर मद्यपान एवं अन्य भोग-सामग्री में यथेष्ट प्रवेश कर चुके थे। कृष्ण या बलराम की उपस्थिति का भी इस समय उन्हें भान नहीं था। समुद्र-तट पर फैली हुई हरी घास पर सभी यादव अलसा रहे थे। स्वयं राजा उग्रसेन एवं वृद्ध अक्रूर भी मद्यपान के प्रभाव में अर्द्धचेतन अवस्था में थे।

रथ से उतरकर कृष्ण ने एक वृक्ष के नीचे आसन ग्रहण किया। जिस प्रकार

इन यादवों ने इससे पूर्व कृष्ण की अनुपस्थिति पर ध्यान नहीं दिया था उसी प्रकार इस समय उनके आगमन की सुधि भी नहीं ली। वृक्ष के नीचे आसनस्थ होने के पश्चात् कृष्ण ने इन सभी परिजनों की ओर निर्लिप्त भाव से देखा। थोड़ी दूरी पर कृतवर्मा एवं सात्यकि एक-दूसरे को आग्रहपूर्वक मदिरा पिला रहे थे। एक क्षण के लिए कृष्ण के चेहरे पर एक अगम्य स्मित फैल गया। ये दोनों वही योद्धा थे, जो कुरुक्षेत्र के समरांगण में विपक्षी बनकर परस्पर वध करने के लिए प्रयत्नशील थे। कृष्ण ने सोचा, मद्य जैसा नास्तिवाचक तत्त्व भी किस प्रेरणा से इस मैत्री कर्म जैसा अस्तिवाचक कर्तव्य निभा रहा है !

कृष्ण ने दूसरी ओर देखा। राजा उग्रसेन अतिवृद्ध अवस्था में भी मद्यपान कर रहे थे। मद्य की धार उनके चेहरे पर फैली हुई थी। दीर्घकाल पर्यंत समग्र यादव परिवार का आर्यावर्त्त के अग्रिम गणतंत्र के रूप में निर्वहण करनेवाले इस पुरुष का ऐसा अपमान कृष्ण निरपेक्ष भाव से देखते रहे। धूल से लथपथ राजा उग्रसेन के वस्त्र भूमि पर पड़े हुए थे। उनके राजचिह्न भी अस्त-व्यस्त हो गए थे। अक्रूर, वृद्धत्व को लज्जित कर दे, ऐसा बीभत्स हास्य कर रहे थे। उनके इस अट्टहास की गूँज रात्रि की नीरवता में अधिक गहरा रही थी। एक अन्य दिशा में कुमार प्रद्युम्न सांब एवं सारण जैसे अन्य कुमारों में घिरकर भोजन के ग्रास के बीच मदिरा के घूँट भर रहे थे। मदिरा एवं भोजन की जूठन चारों ओर बिखरी हुई थी। पूरे क्षेत्र में सेवकों द्वारा विभिन्न स्थानों पर प्रज्वलित मशालों के प्रकाश में इन सबकी परछाइयाँ डरावनी आकृतियाँ रच रही थीं।

कृष्ण ने अपना हाथ भूमि पर फैलाया। भूमि पर फैली हुई तीक्ष्ण घास उनके हाथ में चुभ गई। कृष्ण को आश्चर्य हुआ। नरम व कोमल मानी जानेवाली घास भी इतनी तीक्ष्ण कैसे हो सकती है ! कृष्ण ने अपना हाथ घास पर फेरा। घास के पत्ते पर ऐसी तीक्ष्ण धार कैसे हो सकती है ? उन्होंने एक पत्ता खींच निकाला। खींचे हुए पत्ते की ओर कृष्ण देखते रहे। वे सोचने लगे, वे पत्ते को देख रहे हैं या वह पत्ता उन्हें देख रहा है ? पत्ते को अपनी हथेली पर लेकर कृष्ण एक क्षण गहरी सोच में डूब गए। थोड़ी दूरी पर सागर लहरा रहा था। इस समय भाटा था, परंतु ज्वार के समय सागर की लहरें अवश्य वेग से यहाँ तक बढ़ आती होंगी, धरती पर दृष्टिगत हो रहे चिह्नों से ऐसा लगता था। एक ओर हिरण एवं कपिला नदियों का संगम-स्थान दृष्टिगत हो रहा था। अद्वैत में से द्वैत का आकार सिद्ध करके गंतव्य स्थान में विलीन हो रही उनकी जलराशि गर्जना करके गूँज रही थी।

हथेली की घास की ओर देखकर कृष्ण ने एक बार फिर अगम्य स्मित

किया। समुद्र की जलराशि ही तो इस घास की जन्मदात्री है। समुद्र की यह जलराशि अर्थात्—

कुमार सांब के पेट से जनमे हुए लोहे के मूसल का चूर्ण बनाकर महाराज उग्रसेन ने इसी जलराशि को सौंपा था। द्वारका के तट पर जिस जलराशि ने इस चूर्ण को स्वीकार किया था उसी जलराशि की इन लहरों ने शायद प्रभासक्षेत्र में उस चूर्ण को प्रस्थापित किया होगा—

कृष्ण ने हथेली की घास के पत्ते को ध्यान से देखा, पत्ते की तीक्ष्णता को पुनः अनुभव किया। मूसल के चूर्ण जैसे धारदार सूक्ष्म बिंदु पत्ते पर चमक रहे थे। मशाल के आलोक में यह चमक विचित्र लग रही थी।

अधिक मद्यपान के कारण लथड़ते हुए महाराज उग्रसेन भूमि पर से कष्टपूर्वक खड़े होने का प्रयास कर रहे थे। दोनों हाथों का सहारा लेने के बावजूद बार-बार अस्थिर होकर वे गिर जाते थे। कृष्ण उनके इस व्यायाम को विषादपूर्ण नेत्रों से देखते रहे। उग्रसेन के वस्त्र एवं राजमुकुट भी इस आयास में शिथिल होकर सरक रहे थे। उनकी यह स्थिति देखकर अक्रूर क्रूरतापूर्वक अट्टहास कर रहे थे। उनका यह हास्य अति बीभत्स लग रहा था।

कृष्ण उठकर दबे पाँवों से उग्रसेन के पास पहुँचे। उग्रसेन खड़े होने के प्रयास में रत थे। कृष्ण ने उनका हाथ अपने हाथ में लिया। उग्रसेन ने कठिनाई से चेहरा ऊपर उठाकर कृष्ण की ओर देखा—

"कौन···अक्रूर?" उग्रसेन ने कृष्ण पर दृष्टि फेरकर काँपते स्वर में पूछा।

"महाराज! आप अस्वस्थ हैं। मेरा हाथ पकड़िए; मैं आपको शिविर में ले चलता हूँ···वहाँ आप विश्राम कीजिए।" कृष्ण ने कहा।

"परंतु···परंतु···तुम···कौन हो? तुम अक्रूर···नहीं हो?" उग्रसेन ने फिर एक बार लड़खड़ाते हुए पूछा।

थोड़ी दूरी पर खड़े हुए अक्रूर ने फिर अट्टहास किया। कृष्ण ने उस ओर देखा। अक्रूर ने दूर खड़े रहकर ही ऊँचे स्वर में कहा, "इस वृद्ध राजा को मुझसे ईर्ष्या हो रही है, कृष्ण! कंस के हाथों इसने कारावास भोगा···वसुदेव ने भी कंस के शासन में कारावास भोगा और···केवल मैं ही मुक्त था···मेरी यह मुक्ति···इस वृद्ध राजा को आज···पीड़ित कर रही है।"

"तात अक्रूर!" कृष्ण ने उग्रसेन का हाथ छोड़कर अक्रूर की ओर आगे बढ़कर कहा, "अतीत की उन परतों को अब मत उकेरो, यदुप्रवीर! उस व्यथा भरी कथा को अब स्मरण-पट से विदा कर दो।"

"विदा कर दूँ?" उग्रसेन ने फिर एक बार खड़े होने का प्रयास करते हुए कहा, "जिस अक्रूर ने...कंस द्वारा किए जा रहे यादव गणतंत्र...के विनाश का समर्थन किया था उस निष्ठुर एवं वीर्यहीन कुलांगार की कथा...मैं कैसे भुला सकता हूँ!" इतना कहकर उन्होंने गहरे सत्तापूर्ण स्वर से पुकार की, "सैनिको! इस...यादंव कुलांगार को मृत्युदंड दो!"

"बस कीजिए, महाराज!" कृष्ण ने उग्रसेन का हाथ पकड़कर उन्हें शिविर की ओर घसीटा।

"हा-हा-हा!" अक्रूर ने पुनः अट्टहास किया। उसकी प्रतिध्वनि से दसों दिशाएँ काँप उठीं।

: पंद्रह :

अक्रूर के अट्टहास की गूँज मानो महाकाल की दीवारों से जा टकराई। दीवारें एक क्षण के लिए काँप उठीं। इस कंपन के आर-पार कृष्ण ने दृष्टि स्थिर की।

महाराज उग्रसेन को बंदी बनाकर राजकुमार कंस ने यादव गणतंत्र का ह्रास आरंभ कर दिया था। वृष्णि वंशीय गणतंत्र के तीन वरिष्ठ—उग्रसेन, वसुदेव एवं अक्रूर—के लिए राजकुमार कंस का यह बरताव इतना आघातजनक एवं अप्रत्याशित था कि वे हतप्रभ रह गए थे। समग्र यदु वंश की दृष्टि इन तीनों पर केंद्रित थी। कंस के पहले ही प्रहार में महाराज उग्रसेन कारागार में धकेल दिए गए थे और दूसरे प्रहार में कंस ने बहन देवकी एवं उसके पति वरिष्ठ यादव वसुदेव को बंदी बना लिया। जिस शीघ्रता से यह सब घटित हुआ वह सब देखकर सभी यादव स्तब्ध रह गए। गणतंत्र का विध्वंस इस प्रकार भी कोई कर सकता है, यह सबके लिए कल्पनातीत था। सबकी दृष्टि अब एकमात्र अक्रूर पर केंद्रित थी। अक्रूर के सिवा अब गणतंत्र को बचा सके, ऐसा कोई विकल्प यादवों के पास नहीं था। इसके बाद मथुरा पर प्रस्थापित कंस की एकच्छत्र शासन-प्रणाली को मगध के साम्राज्यवादी सम्राट् जरासंध का समर्थन प्राप्त हो गया। इससे तो अब शेष आशा भी समाप्त हो गई थी। जरासंध की दोनों पुत्रियों—प्राप्ति एवं अस्ति—को कंस के अंतःपुर में स्थान प्राप्त हो गया था। मगध जैसे शक्तिशाली राज्य का समर्थन प्राप्त करने के पश्चात् कंस अधिक अनियंत्रित बन गया था। उसे नियंत्रण में रख सके, ऐसी अंतिम आशा के दीपक एकमात्र अक्रूर थे।

परंतु सबके आश्चर्य एवं आघात के बीच अक्रूर ने इस आपातकाल के समय यादव गणतंत्र का नेतृत्व सँभालकर कंस के एकच्छत्र शासन को रोकने के बदले उसका समर्थन किया। कंस की तानाशाही मनोवृत्ति से भी अक्रूर का यह विशेष बरताव सबके लिए अगम्य था। यदि स्वयं अक्रूर भी गणतंत्र को बचाने की दिव्य दृष्टि का प्रदर्शन न कर सकते हों तो तात्कालिक रूप से यादव कुल को निराश ही होना था। अक्रूर ने कंस का केवल समर्थन ही नहीं किया था, बल्कि उसके विश्वसनीय साथियों में भी स्थान प्राप्त कर लिया था।

यद्यपि कुछ वृद्ध यादव मन-ही-मन अक्रूर के इस बरताव को दूरदर्शितापूर्ण मानते थे। अक्रूर ने यदि कंस का प्रतिकार किया होता तो कंस ने उन्हें भी बंदी बनाकर कारागार में धकेल दिया होता। और यदि ऐसा घटित होता तो बचने की आशा नामशेष हो गई होती। इन सब आशावादियों के मन में अक्रूर के लिए ऐसी गहरी श्रद्धा थी कि अक्रूर आज नहीं तो कल अवश्य कंस का विश्वास प्राप्त करने के पश्चात् कोई चमत्कार करेंगे एवं गणतंत्र का पुनः स्थापन करेंगे।

किंतु ऐसा कुछ नहीं हुआ। इतना ही नहीं, बालक कृष्ण की हत्या के लिए कंस द्वारा आयोजित धनुर्यज्ञ में कृष्ण को गोकुल से मथुरा ले आने का निंदनीय कृत्य भी जब अक्रूर ने स्वीकार कर लिया तब तो कंस के शासन का समर्थन करने के अक्रूर के निर्णय का मन-ही-मन बचाव कर रहे लोग भी अत्यंत निराश हो गए। सभी जानते थे कि ब्रजभूमि में केवल अक्रूर ही सम्माननीय व्यक्ति हैं। कंस यदि अन्य किसी को गोकुल भेजकर कृष्ण को मथुरा बुलाता तो गोकुलवासी उसके प्रयोजन के विषय में आशंका अवश्य करते। इस आशंका का निवारण करने के लिए ही कंस ने यह काम अक्रूर को सौंपा था। अक्रूर जैसे वरिष्ठ एवं सम्माननीय यादव यदि गोकुलवासियों को आश्वासन दें तो कंस का आयोजन सफल होने की संभावना थी। अक्रूर कंस के इस आयोजन का अंश बन गए थे।

तत्पश्चात् तो बहुत कुछ अप्रत्याशित घटित हो गया। कंस कृष्ण की हत्या करे, उससे पूर्व ही कृष्ण ने कंस का वध कर दिया। इतना ही नहीं, राजा उग्रसेन एवं पिता वसुदेव भी कारागार से मुक्त हो गए। सभी के लिए आश्चर्यजनक बात यह थी कि मथुरा के वृष्णि वंशीय गणतंत्र के गणपति पद पर स्वयं कृष्ण आरूढ़ नहीं हुए बल्कि उन्होंने राजा उग्रसेन को ही पुनः अभिषिक्त किया। इससे भी अधिक आश्चर्य की बात यह थी कि कंस के शासनकाल में उसके एकच्छत्र तंत्र के समर्थक अक्रूर को कृष्ण ने राजा उग्रसेन के साथ ही पूर्ववत् सम्मान प्रदान किया। मथुरा के गणतंत्र पर एक बार फिर राजा उग्रसेन के दाएँ एवं बाएँ हाथ के समान

वसुदेव एवं अक्रूर शोभित होने लगे।

अब तो लगभग विस्मृत हो चुकी इस घटना को राजा उग्रसेन इस समय मद्यपान के अतिरेक में पुनरुज्जीवित कर रहे थे। कृष्ण मानव मन की इस अद्‌भुत विषमता का विस्मयपूर्ण दृष्टि से अवलोकन कर रहे थे। अक्रूर के अट्टहास के बीच से मार्ग बनाते हुए कृष्ण ने उग्रसेन को ले जाने का प्रयास तो किया, किंतु उग्रसेन ने यह प्रयास सफल न होने दिया। कृष्ण का हाथ छुड़ाकर राजा उग्रसेन रोषपूर्वक अक्रूर की ओर वेग से आगे बढ़े। परंतु उनके पाँव लड़खड़ाने लगे और एक बार फिर वे भूमि पर गिर पड़े। इस बार उनका उत्तरीय सरक गया एवं मस्तक का राजचिह्न भी धूल से रगड़ गया।

कृष्ण ने विषाद भरी दृष्टि से भूमि पर अस्त-व्यस्त पड़े हुए इस आदरणीय वृद्ध की ओर देखा। राजा उग्रसेन को अपनी ओर वेग से आते हुए देखकर शीघ्रता से पीछे हटने का प्रयास करनेवाले अक्रूर के पैर भी लड़खड़ा गए और वे भी विरूप अंग-भंगी के साथ थोड़ी दूर पर ढेर होकर गिर पड़े।

कृष्ण धीमे पगों से पुनः वृक्ष के तने के पास आकर बैठ गए। उन्होंने हाथ फैलाकर भूमि पर उगी हुई एरक घास का स्पर्श किया। घास ने मानो तीव्र दंश दिया हो, वे उसकी तीक्ष्णता का अनुभव करने लगे। एक क्षण के लिए उन्होंने आँखें मूँद लीं। चारों ओर से जैसे मेघ गर्जना जैसी गड़गड़ाहट सुनाई दे रही थी। मद्यपान कर रहे यादव वीर परस्पर एक-दूसरे को अनाप-शनाप बोल रहे थे, जिसे समझना कठिन था। कौन किसके साथ क्या संवाद कर रहा है, यह भी समझ में न आए, ऐसी कोलाहलमय ध्वनि गुंजित हो रही थी। सभी को केवल अपनी ही बात सुनाई दे, इस हेतु से ऊँचे स्वर में बोलने की प्रतिस्पर्द्धा कर रहे थे। दीर्घकाल से अति परिचित लगनेवाले ये स्वर इस समय इतने अपरिचित लग रहे थे कि कृष्ण उन्हें बूझने की कोशिश करने लगे।

"देखो...देखो, वासुदेव!"

कृष्ण को अति निकट से एक स्वर सुनाई दिया। आँख खोले बिना ही कृष्ण ने इस स्वर को पहचान लिया। यह सात्यकि का स्वर था।

"मधुसूदन, उस कृतवर्मा को देखिए। उसकी बातें तो याद कीजिए।" सात्यकि ने कृष्ण के कानों के समीप आकर कहा।

कृष्ण ने अब आँखें खोल दीं। सात्यकि उनके सामने ही खड़ा था। उसके एक हाथ में कोई खाद्य पदार्थ एवं दूसरे हाथ में मद्य पात्र था। मद्य की धारा उसके होंठों से टपककर उसकी ठोड़ी एवं वस्त्रों को गीला कर रही थी। खाद्य पदार्थ के

गिरने से होनेवाले चिह्न उसके वस्त्र पर गंदगी फैला रहे थे। सात्यकि से कठिनता से पाँच-दस पग के अंतराल पर कृतवर्मा दोनों हाथ उछालते हुए छलाँग लगा रहा था। उसके वस्त्र अस्त-व्यस्त थे और मुँह खाद्य तथा मद्य से गँदला हो गया था। पल भर के लिए कृष्ण सात्यकि की ओर देखते रहे। समग्र आर्यावर्त्त में वृष्णि वंशीय यादवों में सात अतिरथी वीरों में जिसकी गणना होती थी, ऐसा प्रचंड वीर सात्यकि इस समय अत्यंत विद्रूप एवं अशिष्ट लग रहा था। जिसने अर्जुन से शस्त्रास्त्रों का ज्ञान प्राप्त किया था, ऐसा यह यादव कृष्ण का प्रिय सखा था। कृष्ण को हस्तिनापुर के विष्टि-कर्म की याद आ गई। महायुद्ध की पूर्व संध्या को दुर्योधन को समझाने के लिए विष्टिकार बनकर वे हस्तिनापुर की कुरुसभा में उपस्थित हुए थे, तब दुर्योधन ने स्वयं कृष्ण को ही बंदी बनाने के लिए जिस हीन षड्यंत्र की रचना की थी, उसे असफल कर देने में सात्यकि का कितना बड़ा योगदान था!

"युयुधान!" कृष्ण ने सात्यकि के कंधे थपथपाकर स्नेहपूर्वक कहा, "वीर, तुम स्वस्थ हो जाओ। यह तुम्हें शोभा नहीं देता।"

"परंतु···श्रीकृष्ण!" सात्यकि ने स्वर ऊँचा करके कहा, "यह कृतवर्मा इस समय जो बात याद कर रहा है, उसे तो तनिक सुनिए! मध्य रात्रि के समय शिविर में निद्राधीन लोगों पर शस्त्राघात करने से हीन कृत्य क्षत्रियों के लिए और क्या हो सकता है?"

कृतवर्मा ने भयानक हास्य किया। तत्पश्चात् हाथ के मद्य पात्र को वेग से भूमि पर पटकते हुए उसने कहा, "जो कृत्य भीष्म, द्रोण या कर्ण नहीं कर सके थे वह वीरोचित कृत्य मैंने संपन्न किया था। शत्रुओं के सेनापति धृष्टद्युम्न एवं पांडवों के भावी उत्तराधिकारियों का नाश करने में मैं कारण बना, उसका मुझे गौरव है।"

कृष्ण कृतवर्मा की ओर करुणापूर्ण नेत्रों से देखते रहे।

"अरे, यदु वंशियों के कुलांगार! तुम्हारे अधर्म से तो समग्र यादव वंश लज्जित हुआ है। सुषुप्तावस्था में किसी पर घात करना शव पर प्रहार करने जैसा अधर्म है। धिक्कार है तुझे!" सात्यकि ने हाथ के खाद्य पदार्थ को कृतवर्मा पर फेंकते हुए कहा।

"धन्य है तुम्हारा क्षत्रिय धर्म!" कृतवर्मा ने मुँह में बची हुई मद्य की घूँट सात्यकि की ओर थूकते हुए कहा, "अरे, शिनिकुमार सत्यक के पुत्र! भूल गए— महायुद्ध में कौरव सेना के बीच भूरिश्रवा का हाथ कट जाने के पश्चात् घायल अवस्था में जब वह प्रायोपवेशन का निश्चय करके भूमि पर पद्मासन लगाकर बैठ गया था तब तुमने उसी योग-अवस्था में उसकी हत्या कर दी थी, क्या तुम्हें वह याद

नहीं आ रहा है? तब तुम्हारा क्षत्रिय धर्म कहाँ गया था?''

क्षण भर के लिए कृष्ण ने वह प्रसंग याद किया। रोषपूर्ण दृष्टि से उन्होंने कृतवर्मा की ओर देखा।

''और महाबाहु! आप तो जानते ही हैं, स्यमंतक मणि के लोभ में सत्राजित् का वध करवाने में इस पापी कृतवर्मा का भी हाथ था।'' सात्यकि ने कृतवर्मा की ओर अपने दोनों हाथ फैलाकर हवा में उछाले।

ओह! रात्रि के निविड़ अंधकार के उस पार जैसे आलोक कौंध उठा। स्यमंतक मणि की चोरी का प्राय: विस्मृत हो चुका वह वृत्तांत कृष्ण के स्मृति-पट पर पल भर के लिए अंकित हो गया। कृष्ण को वे दु:खद पल याद आए जब प्रिय पत्नी सत्यभामा ने इस मणि की चोरी के कारण उनपर संदेह किया था।

''इस हीन एवं कुलांगार क्षत्रिय को उसके अधर्माचरण का दंड मिलना ही चाहिए, श्रीकृष्ण!'' सात्यकि ने कृष्ण के चेहरे पर व्याप्त विषाद एवं करुणा के मिश्रित भावों का अवलोकन करते हुए कहा, ''करुणा-दृष्टि से आपने जिस अधर्म को सहन कर लिया है, उसे अब मैं सहन नहीं करूँगा। इस दुरात्मा कृतवर्मा को इसके पाप का दंड मिलना ही चाहिए। आज इसके आयुष्य का अंत हो ही जाना चाहिए।''

इतना कहकर सात्यकि ने क्षण भर में म्यान में से तलवार खींच निकाली। कृष्ण या कृतवर्मा दोनों में से किसी को तनिक भी अंदेशा हो, उससे पूर्व ही सात्यकि ने तीव्रता से दौड़कर कृतवर्मा की ग्रीवा पर तलवार से वार कर दिया। चारों ओर प्रज्वलित मशालों के आलोक में सात्यकि की तलवार आँखों को चकाचौंध से भर देनेवाली विद्युत् के समान चमक उठी। कृतवर्मा पीड़ा से कराह उठा। उसकी ग्रीवा से तीव्रता से रक्त बहने लगा। सात्यकि ने फिर एक बार तलवार से उसके शरीर पर वार किया। कृतवर्मा का सिर धड़ से विलग होकर भूमि पर लुढ़क गया। उसके लड़खड़ाते मस्तक-विहीन धड़ में से रक्त का फव्वारा निकला, जिसकी बौछार सात्यकि की देह पर हुई। इससे सात्यकि डरावना लग रहा था। कृतवर्मा की क्षत-विक्षत देह भीषण दृश्य का सृजन कर रही थी।

कृष्ण एकाएक खड़े हो गए। सात्यकि से वे कुछ कहें या उसे रोकें, उससे पूर्व ही सात्यकि त्वरा से चारों ओर अपनी तलवार घुमाने लगा। थोड़ी दूरी पर मद्यपान कर रहे अन्य यादव सात्यकि का यह व्यवहार देखकर तीव्रता से निकट आ गए। वे सात्यकि को रोकें, उससे पहले ही तलवार के प्रहार से सात्यकि सभी को क्षत-विक्षत करने लगा। पाँच-सात यादव वीरों ने सात्यकि को घेर लिया। सब मिलकर सात्यकि पर प्रहार करने लगे। सात्यकि इन सबके बीच खड़ा होकर संघर्ष

करने लगा, किंतु वह चारों ओर से घिर गया था। उसकी देह पर अनेक घाव हो चुके थे और उनमें से रक्त बह रहा था। उसका सामर्थ्य एवं शारीरिक क्षमता घटती जा रही थी। उसके पैर लड़खड़ा रहे थे और उसकी प्रतिकार-शक्ति मंद पड़ गई थी। कृतवर्मा का शिरश्छेद करते समय उसने जिस शक्ति का प्रयोग किया था, उसमें उत्तेजना शक्ति से अधिक थी। अब वह घिर गया था एवं प्रहार कर रहे अन्य यादवों से अपने आपको बचाना उसके लिए संभव नहीं था।

प्रद्युम्न अन्य कुमारों के साथ थोड़ी दूरी पर एक वृक्ष के नीचे बैठकर यह सब देख रहा था। प्रद्युम्न सात्यकि को बचा लेने के लिए तीव्रता से गरजा। अपने हाथ में गदा एवं तलवार दोनों लेकर वह सात्यकि पर प्रहार कर रहे यादवों पर टूट पड़ा। सात्यकि पर प्रहार कर रहे यादव वीर अब प्रद्युम्न पर भी प्रहार करने लगे। सात्यकि द्वारा कृतवर्मा का वध हुआ है, यह जानकार अन्य यादव भी वेग से निकट आ गए और सात्यकि तथा सात्यकि को बचाने का प्रयास कर रहे प्रद्युम्न पर प्रहार करने लगे। प्रद्युम्न के लिए इस आक्रमण को रोकना दुष्कर था। उसने दोनों हाथों से शस्त्रों द्वारा प्रहार करना शुरू किया। सात्यकि असमर्थ होकर भूमि पर गिर पड़ा। भूमि पर पड़ी हुई सात्यकि की देह पर तीन-चार यादवों ने एक साथ प्रहार करके उसे क्षत-विक्षत कर दिया। सात्यकि की ऐसी मृत्यु देखकर कुमार प्रद्युम्न पूरी शक्ति से चारों ओर से उसके साथ लड़ रहे यादवों पर शस्त्राघात करने लगा। परंतु प्रद्युम्न अकेला था और चारों ओर से घिरा हुआ था। उसने अन्य तीन-चार यादव वीरों का वध कर दिया। इन मृत मानव देहों के अंग, मांस, रक्त इत्यादि भूमि पर कीचड़ की तरह फैले हुए थे। अचानक अन्य चार-पाँच यादवों ने बलपूर्वक प्रद्युम्न पर प्रहार किया।

मांस की गंध से उत्तेजित उल्लू एवं गिद्ध के आनंदोद्गार कर्कश ध्वनि के रूप में चारों दिशाओं में गूँज उठे।

: सोलह :

किसी भी निश्चित प्रयोजन के बिना परस्पर एक-दूसरे पर घात कर रहे इन स्वजनों की ओर कृष्ण अनिमेष नेत्रों से देखते रहे, मानो उनकी एक आँख में करुणा एवं दूसरी में विषाद का महासागर उमड़ रहा था। कुछेक यादवों के अंग देह से विच्छिन्न होकर भूमि पर धूल, रक्त एवं मांस के बीच शेष चेतना को शांत करते हुए तड़फड़ा रहे थे। एक-दूसरे के प्राणों के शत्रु बन गए इन स्वजनों को अपने अस्तित्व

का विलोपन करते हुए देखकर कृष्ण ने अनुभव किया कि स्वजनों का विलोपन उनके अस्तित्व को भी खंडित कर रहा है।

चारों ओर से घेर लिये गए कुमार प्रद्युम्न की सहायता के लिए सांब तथा अनिरुद्ध तीव्र वेग से निकट आ पहुँचे थे। इस अप्रत्याशित सहायता से अनभिज्ञ प्रद्युम्न दोनों हाथों से चारों ओर शस्त्रों से प्रहार कर रहा था। घेर लिये गए प्रद्युम्न पर प्रहार करते हुए योद्धाओं के पैर भूमि पर पड़े हुए सात्यकि एवं कृतवर्मा के अंगों पर पड़ने से रक्त एवं मांस से सन गए थे। प्रद्युम्न की सहायता के लिए आए हुए सांब एवं अनिरुद्ध के आक्रमण के कारण प्रद्युम्न मुक्त हो गया; किंतु अपनी मुक्ति के बारे में वह लेश मात्र भी जागरूक हो, ऐसा नहीं लग रहा था। उसने इस अज्ञात अवस्था में ही उसकी सहायता के लिए आए हुए भ्राता सांब पर गदा से प्रहार किया।

चारों ओर फैले शिविरों के पास या अन्यत्र अलग-अलग समूह में बैठकर खान-पान का निरंकुश उत्सव मना रहे सभी यादव अब अपने-अपने शस्त्र लेकर तीव्रता से इस घमासान के बीच आ पहुँचे। इन सब में से कोई भी कुछ नहीं जानता था कि यह सब क्यों हो रहा है? किसने किया है? उसकी जानकारी के बिना ही सबने अपने शस्त्रों से प्रहार करना शुरू कर दिया। अब तक एक ओर अर्द्ध-मूर्च्छा की अवस्था में पड़े हुए राजा उग्रसेन तथा अक्रूर भी यह तुमुल शस्त्राघात देखकर उत्तेजित हो उठे और इस उत्तेजना में ही अपने शस्त्रों के साथ इन यादवों के बीच घुस गए।

परंतु इन दोनों वृद्धजनों के लिए अन्य यादव वीरों का प्रहार सहना दुष्कर था। राजा उग्रसेन ने अक्रूर पर अपनी तलवार चलाई, परंतु अक्रूर ने इस प्रहार से अपने को बचा लिया। उग्रसेन के हाथ से तलवार गिर गई। अक्रूर अपनी बरछी के साथ शीघ्रता से उग्रसेन के पास आ पहुँचे। निःशस्त्र उग्रसेन ने स्वरक्षा के लिए चारों ओर देखा। थोड़ी दूरी पर पड़ी हुई एक शिला की ओर उनका ध्यान गया। निःशस्त्र उग्रसेन की हत्या सरलता से की जा सकती है, इस सोच से उग्रसेन ने तीव्रता से आगे बढ़ रहे अक्रूर पर शिला उठाकर पटक दी। शिला के अप्रत्याशित प्रहार से अक्रूर लड़खड़ाकर गिर गए। उनके हाथ से बरछी थोड़ी दूर जा गिरी। राजा उग्रसेन ने अक्रूर की यह दुर्दशा देखकर अट्टहास किया एवं भू-लुंठित अक्रूर की देह पर अपने दोनों हाथ एवं पैरों से प्रहार करने लगे।

निकट ही परस्पर प्रहार कर रहे किसी यादव वीर के हाथ से फिसल गई गदा अचानक एक-दूसरे पर प्रहार कर रहे दोनों वृद्धजनों के मस्तक से जा टकराई।

क्षण भर के लिए दोनों के परस्पर भिड़े हुए हाथ-पैर शिथिल हो गए। अक्रूर ने अपना मुँह उग्रसेन के कंधे के पास ले जाकर भयंकर रूप से उसे काट खाया। इसके साथ ही उनके मुँह में उग्रसेन के शरीर के रक्त एवं मांस प्रविष्ट हो गए। उग्रसेन पीड़ा से चीत्कार कर उठे एवं अपने हाथ की उँगलियाँ अक्रूर की चौड़ी हो आई आँखों में बलपूर्वक गहरे घुसा दीं। अक्रूर की चीख निकल गई। उसकी आँखों से रक्त का फव्वारा बहने लगा। अक्रूर एवं उग्रसेन दोनों तुरंत शांत हो गए और दोनों का रक्त परस्पर मिलकर एक धारा बन गया। अब तक प्रद्युम्न उसे घेरकर लड़ रहे यादवों से मुक्त होकर बाहर आ चुका था। भूमि पर क्षत-विक्षत अवस्था में पड़े हुए राजा उग्रसेन एवं अक्रूर के शरीर परस्पर उलझ गए थे। यादवों के मार्ग में अवरोध रूप इन देहों से टकराने के कारण कई यादव उनपर गिर पड़ते थे और तुरंत उठकर फिर शस्त्रों से प्रहार करने लगते थे या इन क्षत-विक्षत देहों पर गिरने के बाद उसी अवस्था में हाथों से प्रहार करके भू-लुंठित रक्त-रंजित देहों को अधिक क्षत-विक्षत कर देते थे।

कुमार सांब अपनी गदा लेकर वेग से सुचारु की ओर आगे बढ़ा। सुचारु अन्य यादवों के साथ लड़ रहा था। सांब की गदा के प्रहार से सुचारु के हाथ से शस्त्र गिर गए। उसने शीघ्रता से मुँह फेरकर सांब की गरदन पर अपने हाथ लपेट दिए एवं दाहिने पैर के घुटने से सांब के पेट पर घातक प्रहार किया। सांब के हाथ से गदा गिर गई। अब ये दोनों वीर परस्पर हाथ-पैर एवं दाँतों से लड़ने लगे। लड़ते-लड़ते वे भूमि पर जमे हुए रक्त एवं मांस पर लड़खड़ाकर गिर पड़े। अब ये दोनों एक-दूसरे से अलग होकर भूमि पर पड़ी हुई अन्य मृत देहों से लिपटकर लड़ने लगे। प्रतिस्पर्धी कौन और कैसा है, उसका किसी को होश नहीं था।

मैदान के एक छोर पर वृक्ष के तने के पास बैठकर इस सर्वनाश को देख रहे कृष्ण ने एक गहरी साँस ली। आर्यावर्त्त में एक युग जितने समय तक अजेय माने गए वृष्णि वंशीय स्वजनों को इस प्रकार लुप्त होते वे देखते रहे। छत्तीस वर्ष पूर्व माता गांधारी ने जब यादव कुल के सर्वनाश का शाप दिया था तब कृष्ण ने पूर्ण स्वस्थता से, सहज भाव से उसको स्वीकार करते हुए जो कहा था, उसकी स्मृति ताजा हुई। तब कृष्ण ने माता से कहा था, 'हे माता! आपका शाप केवल उचित ही नहीं बल्कि अनिवार्य भी है। यादव अति समर्थ हैं एवं उनका नाश अन्य कोई भी नहीं कर सकता। नाश अवश्यंभावी है। महाकाल जिसके नाश का निमित्त किसी अन्य को नहीं बना सकता, उसका नाश स्वयं ही होता है। आपने यह शाप देकर महाकाल का ही कर्तव्य निभाया है।'

दृष्टि के सामने खेले जा रहे इस भीषण एवं बीभत्स दर्शन के आर-पार कृष्ण स्वयं द्वारा उच्चरित इन शब्दों को सजीव होते देखते रहे। शब्दों के इस सार्थक्य की भीषणता से तनिक भी विचलित न होकर कृष्ण के होंठों पर एक अगम्य कंपन प्रकट हुआ। कृष्ण को याद आया कि महर्षि कश्यप द्वारा उच्चरित वाणी का साक्षात्कार होना शेष था। अब यादव वंश की समाप्ति के अधिक क्षण शेष नहीं हैं, यह जानकर उनकी आँखों में एक अगम्य संतोष प्रकट हुआ। जीवन के अनेक क्षण जिनके साथ सुख से बिताए थे उन क्षणों का योग अब इस अंतिम क्षण में दु:खदायी कैसे हो सकता है? कृष्ण ने सोचा, यादवों का यह उत्सव तो विदाई का महोत्सव है। माता गांधारी एवं महर्षि कश्यप के शाप के कारण महाकाल द्वारा प्रेषित इस बुलावे को चरितार्थ होते हुए कृष्ण देखते रहे।

थोड़ी दूरी पर गर्जना करते हुए समुद्र में लहरें ज्वार का समय होने की सूचना दे रही थीं। मैदान के चारों ओर प्रज्वलित मशालें इस घमासान के कारण अधिकांशत: बुझ गई थीं। मशालों की रक्षा कर रहे सेवक यादव वीरों की इस अकल्पनीय हिंसा-कृत्य से स्तब्ध होकर स्वरक्षा की खोज में तितर-बितर हो गए थे। मशालों के बुझ जाने से प्रकाशहीन हो गए मैदान में अँधेरा अधिक गहराकर फैल गया था। अंधकार के बीच प्रहार करनेवाले शस्त्रों की तेजस्वी लकीरें अत्यंत चित्र-विचित्र आकृतियाँ रच रही थीं। परस्पर शस्त्राघात कर रहे यादवों के कंठ में से प्रकट हो रहे सिंहनाद अति बीभत्स गूँज बनकर फैल रहे थे।

कृष्ण ने पैनी दृष्टि से देखा तो अब भी एक हाथ में सुरा पात्र पकड़कर उसका पान कर रहे सांब के दूसरे हाथ का शस्त्र अचानक दूर जा गिरा। उसका शस्त्र दो-तीन टुकड़े होकर बिखर गया। सांब ने हाथ के मदिरा पात्र की तमाम मदिरा मुँह में उड़ेल दी। अतिरिक्त मदिरा उसके मुँह में से बाहर निकल गई। उसके चेहरे पर मदिरा और रक्त की धारा बहने लगी। उसने दाहिने हाथ के रिक्त मदिरा पात्र से पास ही लड़ रहे अन्य यादवों के मस्तक पर प्रहार किया। धातु पात्र मस्तक पर टकराने से तीक्ष्ण ध्वनि पैदा हुई।

दूसरे ही क्षण आस-पास लड़ रहे सभी वीर धातु पात्र की इस तीक्ष्णता से टीप लेकर अपने-अपने मदिरा पात्र से लड़ने लगे। जिनके हाथ में मदिरा पात्र नहीं थे वे थोड़ी देर पहले भोजन के लिए परोसे गए अन्य जूठे पात्र हाथ में उठाकर परस्पर प्रहार करने लगे। जूठे पात्र एक-दूसरे से टकराने से अधिक तीक्ष्ण व कर्कश ध्वनि पैदा कर रहे थे। कौन किसके साथ और क्यों लड़ रहा है? इसका किसी को पता नहीं था। भूमि पर बिखरे हुए क्षत-विक्षत अंग एवं चीत्कार करती देहों की

संख्या बढ़ रही थी। इन अंगों एवं देहों को रौंद रहे अन्य यादव अत्यंत भयानक लग रहे थे।

बिलकुल तटस्थ भाव से महाकाल के इस तांडव को देख रहे कृष्ण की आँखें अचानक एक जगह पर स्थिर हो गईं। रक्तधारा से लथपथ प्रद्युम्न अचानक चीत्कार करके लड़खड़ाकर गिर पड़ा। उस पर टूट पड़े दो-तीन योद्धाओं के प्रहारों को वह झेल न सका। जूठे धातु पात्र एवं भूमि पर पड़े किसी मृत यादव के क्षत-विक्षत अंगों को हाथ में लेकर ये यादव प्रद्युम्न पर टूट पड़े। कुमार प्रद्युम्न इन प्रहारों का सामना न कर सका। उसके दोनों हाथ पकड़कर उन यादवों ने उसकी देह उमेठ दी। प्रद्युम्न ने पीड़ा के कारण गगनभेदी करुण चीत्कार किया। उसकी देह चक्कर खाकर गोलाई में घूम गई। उसके दोनों हाथ कंधे पर से उतरकर लटकने लगे। लटके हुए दोनों हाथों को उन यादवों ने भयानक अट्टहास करके बलपूर्वक खींच निकाला। प्रद्युम्न की देह में से रक्त का फव्वारा बहने लगा। भूमि पर ढेर हो रहे प्रद्युम्न के मस्तक पर धातु पात्र से प्रहार करके उन्होंने उसका मस्तक छिन्न-भिन्न कर दिया।

निमिष मात्र में यह सब घटित हो गया। ज्येष्ठ पुत्र प्रद्युम्न की ऐसी करुण मृत्यु देखकर कृष्ण की आँखें क्षण भर के लिए त्रिलोक को हृदय में उतारते हुए स्थिर हो गईं। प्रिय पत्नी रुक्मिणी ने इस कुमार के गर्भाधान की सूचना पहली बार जब कृष्ण को दी थी तब का वह रोमांचक क्षण उन्हें याद आ गया। तत्पश्चात् पुत्र प्रसव के समय पहली ही बार पितृत्व प्राप्त होने का विवरण जानकर जिस असीम आनंद की अनुभूति उन्हें हुई थी, वह याद आया। इस भीषण पल में भी उस रोमांचक पल का स्मरण होते ही उनके चित्त में जैसे कहीं कुछ कौंध उठा। कारागार में ही रहकर पिता वसुदेव ने कंस के हाथों अपनी सातों संतानों की भीषण अकाल मृत्यु को देखा था, यह कृष्ण ने सुना था। कुमार प्रद्युम्न की अकाल मृत्यु को देखकर जो असीम विषाद एवं करुणा उनके चित्त में इस क्षण व्याप्त हो रही थी, वैसा ही भाव पिता वसुदेव ने उनके जन्म से पहले सात-सात बार अनुभव किया होगा, उसका जैसे पहली ही बार कृष्ण को स्मरण हो आया। स्वयं कृष्ण के जन्म के समय भी मस्तक पर मँडराती अकाल मृत्यु को दूर धकेलने के लिए पिता वसुदेव ने कैसी दारुण व्यथा से गुजरकर उन्हें उस मध्य रात्रि को मथुरा से गोकुल में सुरक्षित स्थान पर पहुँचाया होगा, उस सोच मात्र से कृष्ण अनुकंपित हो उठे।

बिखरे हुए अंगों एवं मृत देहों के ढेर के बीच गठरी की तरह पड़ी हुई

प्रद्युम्न की देह में चेतना अभी शेष थी। वह वेदना एवं पीड़ा से आहें भर रहा था। आहों का स्वर धीरे-धीरे मंद पड़ता जा रहा था। मंद पड़ रहे स्वर का मानो गला घोंटते हुए लड़ रहे किसी यादव ने उसकी गरदन पर अपना पैर रख दिया।

अब तक कृष्ण के विषाद एवं करुणापूर्ण चेहरे पर यह अमानुषी दृश्य देखकर मानो रोष का दावानल प्रकट हो उठा। प्रिय पुत्र की पशु से भी बदतर अकाल मृत्यु उनके लिए भी असह्य थी। अपने दोनों हाथों के पंजे उन्होंने तीव्रता से मसल दिए, फिर तनकर भूमि पर उगी हुई तीव्र दंशवाली एरक घास दोनों मुट्ठियों में पकड़कर जड़ के साथ उखाड़ ली। मुट्ठी में भरी हुई घास कृष्ण ने हाथ से मसल दी एवं रोषपूर्वक लड़ रहे यादवों के समूह पर बलपूर्वक उसे फेंक दिया।

कृष्ण के हाथ के संस्पर्श से दूसरे ही क्षण सुदर्शन का नवीनतम अवतार धारण किए हुए वह घास मदमत्त होकर लड़ रहे यादव वीरों की देह पर यहाँ-वहाँ बिखर गई। लड़ रहे यादवों को एरक घास का यह स्पर्श शस्त्राघात से भी प्रचंड भयानक दंश के समान लगा। वे सब एक साथ वेदनाजन्य चीत्कार कर उठे। इस सामूहिक आक्रोश से वातावरण भयावह हो गया। थोड़ी दूरी पर बँधे हुए अश्व इस चीत्कार को सुनकर भय से हिनहिनाने लगे। अपने चारों पैरों की खुरी भूमि में गहरे धँसाकर वे कूदने लगे। खुरी द्वारा भूमि कुरेदने के कारण क्षण भर में धूल के गुबार उड़ने लगे। धूल के इन गुबारों के बीच अँधेरा अधिक भयावह बन गया। धूल के ये बवंडर चारों ओर उड़ रहे रक्त कणों के कारण सुर्ख लगने लगे।

उन पर किसने और कहाँ से अचानक प्रहार किया है, यह देखने के लिए पीड़ा से त्रस्त यादवों ने दूसरी ओर देखा। कृष्ण ने एक बार फिर मुट्ठी भरकर तीक्ष्ण एरक घास को उनकी ओर फेंका। असंख्य सुदर्शन चक्र वायु में वेग से आगे बढ़ रहे हों, इस प्रकार घास के ये पत्ते सरसराहट के साथ अर्ध-मूर्च्छित एवं मृतप्राय यादवों पर बिखर गए। इन पत्तों ने जिन्हें स्पर्श किया वे सब तीव्र चीत्कार के साथ भूमि पर ढेर हो गए।

परंतु जिन्होंने कृष्ण को भूमि पर उगी हुई घास से प्रहार करते हुए देखा वे आनंद से चीत्कार कर उठे। उनके हाथ में अब शस्त्र या धातु पात्र कुछ भी नहीं बचा था। अब वे हाथापाई ही कर रहे थे। भूमि पर उगी हुई घास इतना तीव्र प्रहार कर सकती है, यह ज्ञान उन्हें अति उत्तेजक एवं आनंददायी लगा। एक क्षण का भी विलंब किए बिना वे सब पलक झपकते ही नीचे झुककर घास मुट्ठी में भरकर परस्पर प्रहार करने लगे। प्रचंड शस्त्र से भी तीव्र प्रहार करने में समर्थ इस घास ने

जिसको भी स्पर्श किया, वह वेदना से चीत्कार करने से पहले ही मृत्यु के मुख में चला गया।

कृष्ण अपनी जगह से खड़े हो गए। उनके दोनों हाथ एरक घास की मुट्ठियों से भरे हुए थे। लड़ रहे यादवों की संख्या अब बहुत कम रह गई थी। अधिकांश योद्धा मर चुके थे। जो शेष बचे थे, वे अंतिम साँस लेते हुए लड़ रहे थे। अब उनके हाथ घास की मुट्ठियों से बँधे हुए थे। कृष्ण ने अपने हाथ की घास चारों दिशाओं में 'बिखेरते' हुए फेंक दी। शेष यादव वीरों के लिए यह अंतिम स्पर्श दुःसह था। वेदनाजन्य सामूहिक चीत्कार के साथ वे सब भूमि पर ढेर हो गए।

महर्षि कश्यप का शाप फलीभूत हो गया था।

: सत्रह :

मैदान के एक छोर पर खड़े होकर कृष्ण ने चारों ओर दृष्टि फेरी। मैदान के चारों ओर गोलाकार खड़े सेवक मशालें फेंककर कब के जा चुके थे। कुछ मशालें अभी भी जल रही थीं। मशालों के बचे-खुचे प्रकाश में कृष्ण ने मैदान में क्षत-विक्षत अवस्था में पड़े हुए स्वजनों की ओर दृष्टि केंद्रित की। उनके नेत्र पल भर के लिए अपलक हो गए। शस्त्राघात की प्रचंड झनकार, धातु पात्रों या शिलाओं की टक्कर से निकलनेवाली कर्कश ध्वनि अब शांत हो गई थी। क्षत-विक्षत देहों में से उठनेवाली वेदनापूर्ण आहें या अंतिम प्रयाण के लिए तड़फड़ाते पीड़ित कंठों में से प्रकटित आक्रंद अब अधिक स्पष्ट सुनाई दे रहा था। धीरे-धीरे ये स्वर भी मंद पड़ते जा रहे थे।

कृष्ण ने अनंत आकाश की ओर देखा। दूध गंगा के असंख्य तारों ने जैसे प्रत्युत्तर में कृष्ण की ओर अनिमेष दृष्टि से देखा। दक्षिण दिशा में से अचानक एक उल्कापात हुआ। उल्का के तेज की लकीर में कृष्ण ने मध्याकाश में से ढल चुके चंद्रमा के आस-पास व्याप्त श्याम वृत्त में एक अगोचर पदार्थ के दर्शन किए। तत्पश्चात् उन्होंने अपने पग उठाए और मैदान में मृत पड़े सभी को प्रणाम किया। उनके होंठों से अनायास एक श्रुति मंत्र निकल पड़ा—

> यतो व इमानि भूतानि जायन्ते येन जानानि जीवन्ति यत्।
> प्रयन्त्यमिसंविशन्ति तद्विजिज्ञासस्व तद् ब्रह्मेति॥

दो पग चलते ही जैसे किसी हाथ ने उनके चरण-स्पर्श किए। आर्द्र नेत्रों से

कृष्ण ने उस हाथ की ओर देखा। वह हाथ देह से विलग होकर पड़ा हुआ था। देह से विलग होने के पश्चात् भी चेतना शेष होने से उँगलियाँ अभी भी काँप रही थीं। कृष्ण ने तनिक झुककर उन काँपती हुई उँगलियों पर स्नेहसिक्त एवं करुणापूर्ण स्पर्श किया। उँगली पर रतनार रत्न से शोभित अँगूठी के कारण कृष्ण ने उस हाथ को पहचान लिया। पुत्र प्रद्युम्न का ही था वह हाथ। मानो अनंत यात्रा पर प्रयाण करने से पूर्व पिता को प्रणाम करके वह हाथ आशीर्वाद माँग रहा था। कृष्ण क्षण भर थम गए। पिता वसुदेव ने आज प्रातःकाल ही पुत्र कृष्ण से जो कहा था, वह स्मरण हो आया—पिता ने पुत्र से विदाई माँगी थी और अब यहाँ पुत्र पिता से वैसी ही विदाई माँग रहा था। कृष्ण ने उस विलग हो गए हाथ पर पल भर के लिए धीरे-धीरे अपना हाथ फेरा और फिर आशीर्वाद देते हुए दाहिना हाथ उठाकर फिर एक बार होंठ फड़फड़ाए, "तुम्हारी यात्रा ऊर्ध्वगामी हो, वत्स!" इतना कहकर उन्होंने प्रद्युम्न की देह की पहचान के लिए चारों ओर देखा, किंतु ऐसा कोई संकेत उन्हें प्राप्त नहीं हुआ।

उनके चित्त में विषादपूर्ण करुणा का सागर उमड़ने लगा। जो पुत्र अब उनके शब्दों को ग्रहण नहीं कर सकता था उस पुत्र को संबोधित करके उन्होंने धीरे से उच्चरित किया, "पुत्र, गणतंत्र का मद्य-निषेध तुमने स्वीकार नहीं किया। राज्य के नियमों की यदि राजसभा के सदस्य ही अवज्ञा करें तो वह सभा विनाश के मार्ग पर ही समाप्त हो जाए, इसमें क्या आश्चर्य! गण परिषद् केवल शासन के लिए ही नहीं होती, बल्कि स्वयं को शासित करने के लिए भी होती है।"

कृष्ण तनिक आगे बढ़े। महाराज उग्रसेन का मस्तक देह से विलग होने के बावजूद यादव गणतंत्र का सर्वोच्च प्रतीक राजमुकुट अभी भी उनके मस्तक पर टिका हुआ था। कृष्ण ने सोचा, मुकुट मस्तक की शोभा है; किंतु बिना देह का मस्तक अब तक वह शोभा धारण किए हुए है, यह भी कैसी विडंबना! कृष्ण ने अल्प मस्तक झुकाकर उस मुकुट की मर्यादा का पालन किया। उनके स्मृति-पटल पर एक लकीर उभरने लगी। अंत को प्राप्त वृष्णि वंश के ये वरिष्ठ यादव भी वैसे इस इति के लिए कम उत्तरदायी नहीं थे। इस सर्वनाश के बीज शायद उन्हीं ने बोए थे। उग्रसेन की गंगा जैसी पवित्र पत्नी पवनरेखा के साथ वर्षों पूर्व मायावी राजा दुर्मिल ने जो प्रतारणा की थी उसका ही परिणाम था कंस। उसमें न तो कंस का कोई दोष था, न उसकी माता का। उस माता ने तो उग्रसेन रूपधारी दुर्मिल को अपना पति मानकर ही शरीर समर्पित किया था। इसमें उसका क्या अपराध? फिर भी कंस यादव कुल द्वारा तिरस्कृत हुआ। इस तिरस्कार के प्रति रोष व्यक्त करते हुए ही

उसने पिता उग्रसेन को बंदी बना लिया एवं उग्रसेन के अनुयायी समग्र यादव गणतंत्र को कुचल दिया।

कृष्ण के होंठ फिर एक बार फड़फड़ाए, ''महाराज, आपकी आत्मा ब्रह्मलोक में प्रस्थापित हो।''

थोड़ी दूरी पर कृतवर्मा का धड़ पड़ा था, जिसे उसके वस्त्रों के द्वारा पहचाना जा सकता था। कृतवर्मा भी ऐसा ही एक वरिष्ठ यादव था। कृष्ण ने कृतवर्मा के धड़ के पास रुककर दोनों हाथ जोड़ दिए। उन्हें कुरुक्षेत्र के महायुद्ध के उन्नीसवें दिन का प्रातःकाल याद आया। ब्रह्मराक्षस बन गए आचार्यपुत्र के साथ इस कृतवर्मा ने ही तो युद्ध-धर्म की हत्या करके शिविर में निद्राधीन सेनापति धृष्टद्युम्न तथा द्रौपदी के पाँच पुत्रों की हत्या करने में सहयोग दिया था। इस हत्या से कौरव पक्ष द्वारा विजय-प्राप्ति की कोई संभावना नहीं थी, विजय तो उससे पूर्व ही पांडवों को प्राप्त हो चुकी थी। यह तो केवल राक्षसी वैर की प्यास एवं नृशंस हत्या ही थी। पितामह ब्रह्मा ने सृष्टि के सृजन के क्षण मानव जाति में दया के जिस परम तत्त्व का सिंचन किया था उस तत्त्व से कृतवर्मा जैसा वरिष्ठ यादव भी तब सैकड़ों योजन दूर चला गया। परमपिता के अमरत्व को ठुकरानेवाला मनुष्य ही इससे दंड का पात्र नहीं बनता, बल्कि पाप की यह परछाईं समग्र कुल का भक्षण कर लेती है। कृतवर्मा की देह के आस-पास अपने पंजे की पकड़ अब तक कठोर रखकर पड़ी हुई सात्यकि की देह को भी कृष्ण ने पहचाना। सात्यकि का चेहरा पूर्णतः पहचाना नहीं जा सकता था, परंतु उस चेहरे के बाहर निकल पड़ी आँखें जैसे कृष्ण को ही देख रही थीं। कृष्ण ने झुककर निश्चेतन खुली हुई आँखों पर अपने दाहिने हाथ की हथेली रख दी और फिर दूसरा हाथ रक्त-रंजित बालों पर फेरकर धीरे से कहा, ''वत्स, कुरुक्षेत्र के धर्मक्षेत्र में अर्जुन के तीर से जिसका हाथ देह से मुक्त हो गया था, ऐसे भूरिश्रवा का वध ही शायद तुम्हारे द्वारा किए गए पाप का ऐसा अंत होना चाहिए, जिसने आज समग्र यादव कुल को ग्रस लिया है। भूरिश्रवा शत्रु पक्ष में था, परंतु उस क्षण तो वह निःशस्त्र ही था। इतना ही नहीं, युद्ध का त्याग करके काष्ठ शय्या पर प्राणोत्क्रमण के उद्देश्य से ध्यानस्थ था। वह शत्रु का वध नहीं था बल्कि केवल वैर की प्यास से की गई हत्या थी। हिंसा की आग तुम्हारे जैसे प्रबुद्ध पुरुष का भी भक्षण कर ले, यह कैसा व्यतिक्रम!''

कृष्ण के पैर एक अति वृद्ध, किंतु वृद्धत्व के गौरव से देदीप्यमान देह के पास थम गए। यह अक्रूर की देह थी। कृष्ण के होंठों पर पल भर के लिए एक अगम्य स्मित विलस उठा। कंस द्वारा आयोजित धनुर्यज्ञ में उनकी हत्या हो सके,

ऐसे षड्यंत्र के जाने-अनजाने सहभागी ये अक्रूर भी तो थे। उन्हें गोकुल से मथुरा ले आने के लिए कंस का उद्देश्य उनकी हत्या करना ही था और गोकुलवासी कंस के किसी भी बुलावे को अस्वीकार ही करेंगे, ऐसी आशंका के कारण कंस ने अक्रूर को गोकुल भेजा था। अक्रूर इस षड्यंत्र को जानते थे और फिर भी एक वरिष्ठ यादव को शोभा दे, ऐसा प्रतिकार वे नहीं कर सके थे। इसके विपरीत गोकुलवासियों के मन में विश्वास पैदा करके अक्रूर ही कृष्ण को मथुरा ले आए थे। परिणाम चाहे विधायक रहा और कंस के एकच्छत्र शासन से यादव गणतंत्र मुक्त हो गया, परंतु अक्रूर का उद्देश्य अवश्य श्रेष्ठ नहीं था। ये वही अक्रूर थे जिन्होंने स्यमंतक मणि के विषय में समग्र यादव परिवार को परस्पर आशंका एवं अविश्वास से घेर लिया था। पत्नी सत्यभामा एवं भ्राता बलराम ने भी अक्रूर के इस स्यमंतक मणि के विषय में कृष्ण पर कैसा निर्दय संदेह किया था।

कृष्ण को लगा, उनके गात्र में इस समय जो कंपन हो रहा है, वह या तो इस पूर्व-स्मरण के कारण है या फिर वायु में धीरे-धीरे बढ़ती जा रही प्रभात की शीतलता के कारण। अक्रूर की देह के पास क्षण भर थमकर नतमस्तक होकर कृष्ण ने उसके परलोक-प्रयाण को प्रणाम करते हुए धीरे से कहा, ''हे महाभाग! यह अति दारुण अंत स्वयं-निर्मित नहीं है, ऐसा कौन कहेगा! माता गांधारी तो निमित्त बनीं। महर्षि कश्यप एक सांत्वना बने। हम स्वयं ही अपने कर्मों का परिपाक होते हैं।''

पितामह भीष्म ने शर-शय्या पर से युधिष्ठिर को जो धर्मबोध दिया था, उस बोध का एक अमर वाक्य कृष्ण को याद आया, 'हे वत्स! जिस प्रकार धूप एवं छाया सदैव परस्पर जुड़े हुए हैं उसी प्रकार कर्म एवं कर्ता दोनों भी परस्पर संबद्ध हैं। मृत्यु का कारण कोई बाह्य कर्म नहीं होता, परंतु अपने ही कर्मानुसार मृत्यु होती है।'

अब कृष्ण मैदान के दूसरे छोर पर आ पहुँचे थे। वहाँ सामने ही हिरण एवं कपिला नदियों का संगम-स्थान दृश्यमान हो रहा था। नदी के प्रवाह पर से बहनेवाला पवन मानो इस समग्र वृत्तांत से बिलकुल निर्लेप होकर पूर्ववत् बह रहा था। वृक्षों की शाखाओं के पर्ण कभी काँप उठते तो कभी नीचे झरकर इस निस्तब्धता में एक कंपन पैदा करते थे। एक वृक्ष के तने के पास पड़ी हुई तीन देह परस्पर लिपटकर ढेर-सी लग रही थीं। कृष्ण ने इन क्षत-विक्षत एवं निराकार जैसी देहों की ओर ध्यान से देखा। कृष्ण के लिए देह की संज्ञा से उन्हें पहचानना कठिन नहीं था। वे सांब व सुचारु थे। सांब की मृत देह के पास कृष्ण एक बार फिर रुक गए। उन्होंने सांब के मस्तक को खोजने के लिए हाथ झुकाया। जिस मस्तक को

इस हाथ ने स्पर्श किया वह सांब का ही मस्तक होगा, ऐसा विश्वासपूर्वक कहा जाए—ऐसा उसमें कुछ बचा नहीं था। कृष्ण ने उस मस्तक पर अपना हाथ रखकर कहा, ''पुत्र, महर्षि कश्यप के समक्ष तुमने यदु वंश के गौरव का ह्रास किया था। जिस वंश ने हमेशा ब्राह्मणों, तपस्वियों एवं महर्षियों की वंदना की थी उसी वंश के संस्कारों का तुमने अवमूल्यन किया था। ऐसा अवमूल्यन करके तुमने समग्र वृष्णि वंश को इस विनाश की ओर धकेलने में सहयोग दिया है; महाकाल की यह कैसी विडंबना है!''

कुछ समय तक कृष्ण सांब के मस्तक पर हाथ फेरते रहे और फिर अपने रक्त-रंजित हाथ को ध्यान से देखते हुए उन्होंने पग बढ़ाए। मैदान की सीमा पर पड़े हुए असंख्य धातु पात्रों में से एक को कृष्ण ने उठा लिया। अब हिरण एवं कपिला का संगम तट अत्यंत निकट था। धीरे से कृष्ण ने इस प्रवाह में अपने पैर डुबोए। पूर्वाभिमुख होकर झुककर उन्होंने बहती नदी में से जल की अंजलि भरी। इस अंजलि का अर्घ्य उन्होंने निकट ही सोए हुए तमाम यादव वीरों की स्मृति में समर्पित किया।

तत्पश्चात् हाथ के धातु पात्र को पानी से भर दिया। जल से भरे हुए पात्र के साथ कृष्ण नदी के प्रवाह की ओर से मुड़कर एक बार फिर क्षत-विक्षत पड़े यादव वीरों की मृत देहों के समक्ष आकर पल भर खड़े रहे। एक के बाद एक इन सभी वीरों के अंगों पर उन्होंने धीरे-धीरे जलाभिषेक किया। पुत्र सांब एवं सुचारु, वरिष्ठ यादव अक्रूर, वीर सात्यकि, समर्थ कृतवर्मा, राजा उग्रसेन, ज्येष्ठ पुत्र प्रद्युम्न—इन सबके अवशेषों के पास नतमस्तक खड़े रहकर कृष्ण ने जलांजलि अर्पित की। मैदान में प्रवर्तित चीत्कार, आक्रंद एवं आहों का अब शमन हो चुका था।

जलांजलि समाप्त करके कृष्ण पुनः नदी तट पर आए। रात्रि समाप्त होने की सूचना देनेवाला शुक्र तारा पूर्व दिशा में बहुत ऊपर उठ चुका था। एक क्षण पूर्व शरीर एवं प्राणों की आत्मा जैसे आप्तजनों को जिस दृष्टि से परस्पर घात करते हुए देखा था वही दृष्टि अब प्रकृति की इस आभा को यथातथ्य स्थिरता से देख रही थी। पीछे मुड़कर कहीं भी देखे बिना कृष्ण नदी के प्रवाह से विपरीत दिशा में आगे बढ़ने लगे। प्रवाह पर से बहते पवन के कारण उनके मस्तक पर स्थित मोरपंख काँप उठा। उत्तरीय को बहती हवा में थोड़ा थामकर कृष्ण पश्चिम दिशा की ओर आगे बढ़ने लगे।

वे कुछ क्षण ऐसे ही चलते रहे। कृष्ण के पदचिह्न नदी किनारे की गीली रेत पर प्रकट हो रहे थे। पदचिह्नों की मृदु ध्वनि भी मानो नदी के बहते प्रवाह के साथ

ताल मिला रही थी। यहाँ सामने ही एक विशाल अश्वत्थ (पीपल) वृक्ष था। कृष्ण ने इस वृक्ष के सामने देखा। उनके होंठों से अचानक ही एक श्रुति मंत्र प्रकट हुआ—

ऊर्ध्वमूलोऽवाकशारव एषोऽश्वत्थ: सनातन।
तदेव शुक्रं तद् ब्रह्म तदेवामृतमुच्यते।
तस्मिँल्लोकाश्रिता: सर्वे तदु नात्येति कश्चन एतद्वै तत्॥

श्रुति के उद्‌गाता ने जिस विशुद्ध ज्योति-स्वरूप ब्रह्म के दर्शन इस वृक्ष में किए थे वही यह अश्वत्थ, जिसका अतिक्रमण कोई नहीं कर सकता, वह परम तत्त्व यही है और इसी वृक्ष में निवास करता है। कृष्ण ने उस अश्वत्थ वृक्ष के पास खड़े रहकर प्रणाम किया एवं फिर वृक्ष के तने से टेक लगाकर, देह तनिक फैलाकर दायाँ पैर बाएँ घुटने पर टिका दिया और आँखें बंद करके एक बार फिर होंठ फड़फड़ाए—"एतद्वै तत्, एतद्वै तत्, एतद्वै तत्।"

: अठारह :

फड़फड़ाते होंठों में से प्रस्फुटित शब्दोच्चार शांत हो गया और फिर भी जैसे उसकी प्रतिध्वनि निस्तब्ध रात्रि के अशब्द वातावरण में वलय की रचना करती रही। कृष्ण का श्रवण तंत्र मानो इन वलयों के मृदु स्पर्श का अनुभव कर रहा था। श्रुति मंत्र की प्रतिध्वनि के साथ ही थोड़ी दूर बहनेवाली सरिताओं के संगम का शोर एक अगम्य एवं अदम्य अनुभूति करा रहा था। कृष्ण के होंठ अगम्य रूप से काँप उठे। उनके स्मृति-पटल पर द्वारका में पिता वसुदेव एवं माता देवकी की पिछली सुबह कही हुई बात तादृश हुई।

भगवान् सोमनाथ के पवित्र शिव-निर्माल्य बेल पत्रों को आँखों एवं मस्तक पर लगाकर प्रसन्नचित्त होने के लिए ये दोनों शायद प्रतीक्षारत होंगे। शिव-निर्माल्य की यह प्रतीक्षा तो सारथि दारुक या फिर अन्य किसी सेवक द्वारा भी पूर्ण की जा सकती थी, किंतु उनकी उस अन्य प्रतीक्षा का क्या! कृष्ण ने सोचा, यदि वे माता-पिता की यह प्रतीक्षा भी पूर्ण कर सकते तो शायद वे प्रसन्न हो जाते। परंतु महाकाल के इस निर्माण का उल्लंघन कैसे हो सकता है? मनुष्य की अपेक्षा एवं प्रतीक्षा दोनों आदिकाल से अनंत ही रही हैं; परंतु उसकी परितृप्ति तो महाकाल के अधीन है। इस पल में भी शायद वे अति जर्जर दंपती द्वारका के राजमहल के गवाक्ष में से पूर्वाकाश में अपनी क्षीण हो चुकी दृष्टि को तीव्र करके देख रहे होंगे।

कृष्ण के दिल में मानो माता देवकी की व्यथा का संकेत प्रकट हुआ। कारागार में पुत्र-जन्म के पश्चात् तुरंत ही इस जननी ने पुत्र का परित्याग कर दिया था। पुत्र के जीवन की रक्षा के लिए माता ने हृदय पर मानो हिमालय जितना बोझ लाद लिया था। वैसा ही बोझ कदाचित् महायुग जितनी इस दीर्घ समयावधि के पश्चात् एक बार फिर इस माता के दिल पर पुनः स्थापित हुआ होगा, इस विचार मात्र से कृष्ण के चेहरे पर असीम करुणा फैल गई। उस दिन कारागार में जननी ने जिस व्यथा का अनुभव किया होगा, वह व्यथा बालक कृष्ण तो दूर नहीं कर सकते थे, परंतु आज भी आर्यावर्त्त ने जिसको अपने प्रथम पुरुष के रूप में पूर्णतया स्वीकार किया है वैसे ये यदुनंदन भी कहाँ कुछ कर सकने में समर्थ हैं! बेचारी जननी तो आज भी पुत्र-प्रतीक्षा के अत्यधिक बोझ तले द्वारका के समुद्र-तट की ओर ध्यान से देखते हुए खड़ी होगी एवं पिता वसुदेव—

पिता वसुदेव भी—

कृष्ण को गोकुल में यशोदा की गोद में रखकर लौटते समय पिता वसुदेव ने भी कम पीड़ा नहीं सही होगी! पुत्र उन्हें पुनः प्राप्त होगा या नहीं, वह भी अगम्य था। इससे पूर्व अपनी आँखों के समक्ष ही सात-सात संतानों को उन्होंने अकाल मृत्यु को प्राप्त होते हुए देखा था। यह आठवीं संतान इस पल बच तो गई है, परंतु यह बचाव कितना दीर्घजीवी होगा, वे यह भी नहीं जानते थे। एक ही अपेक्षा थी कि यदि यह पुत्र कंस के क्रोध से बच जाएगा तो कभी इन दुर्भाग्यशाली माता-पिता को उनके अंत्येष्टि संस्कार के लिए उपलब्ध होगा। किंतु अब आज—कृष्ण ने सोचा, भीष्म पितामह ने आर्यावर्त्त के राजसूय यज्ञ में उनको प्रथम पुरुष के रूप में स्वीकार किया था एवं महाराज युधिष्ठिर ने सर्वप्रथम उनकी पूजा की थी—वह सम्मान क्या इतना अधिक सीमित है! महाकाल ऐसे प्रथम पुरुष के पास भी कैसी अपेक्षा रखता है! ऐसा कोई प्रथम पुरुष भी महाकाल के लिए कितना नगण्य है! काल को ऐसा कोई स्थान या कोई क्रम कभी अभिप्रेत नहीं होता। राजसूय यज्ञ में इंद्रप्रस्थ के दरबार में उन्हें प्राप्त वह पूजन भी काल के होंठों पर तो स्मित का कंपन मात्र ही होगा।

पिता जब पुत्र कृष्ण को गोकुल में छोड़कर चले गए तब उनके मन में भविष्य की रम्य कल्पना भी थी; परंतु वे जिस दिन गोकुल छोड़कर मथुरा वापस लौटे उस दिन माता यशोदा ने जिस तरह पुत्र के मस्तक पर हाथ फेरकर विदाई दी थी, वह पल तो उससे भी अधिक विकट था।

कंस के धनुर्यज्ञ के निमित्त मथुरा जा रहे पुत्र का पुनरागमन माता के हृदय

को चिंतित कर रहा था। यह वही कंस था जिसने इस पुत्र की हत्या करने के लिए पूतना राक्षसी को भेजा था। तत्पश्चात् तो कृष्ण की हत्या के लिए निरंतर प्रयास करते रहने में उसने कहाँ कमी रखी थी! माता का हृदय प्रतिक्षण काँपता ही रहा था। कब, कौन, किस प्रकार बालक कृष्ण की हत्या कर देगा—इस सोच से माता निरंतर भयभीत रहती थी। बकासुर, अघासुर, यमलार्जुन, शकटासुर—कैसे भय के बीच माता ने सदा इस बालक की रक्षा की थी।

कंस के निमंत्रण का अनादर करना समग्र गोकुलवासियों के लिए संकट मोल लेने जैसा था, यह सब लोग समझते थे। वह निमंत्रण लेकर स्वयं वरिष्ठ यादव अक्रूर आए थे। अक्रूर ने यादव गणतंत्र के पतन के क्षणों में राजा उग्रसेन के साथ रहने की अपेक्षा कंस का साथ स्वीकार किया था, यह सर्वविदित था; इसके बावजूद सभी के मन में अक्रूर के प्रति आदर का भाव ही था। अक्रूर के हाथों बालक कृष्ण चाहे सुरक्षित न हों, परंतु अरक्षित भी नहीं होंगे, ऐसी आशा सबके मन में थी। कंस के भय के सामने अक्रूर मानो सुरक्षा दे रहे थे।

'पुत्र!' माता यशोदा ने बालक कृष्ण के मनोहर चेहरे पर मृदु हाथ फेरते हुए कहा था, 'मथुरा का यज्ञ समाप्त होने के पश्चात् एक क्षण भी अधिक वहाँ मत रुकना। तुम्हारे बिना मुझसे अन्न का ग्रास भी निगला नहीं जाएगा।' इतना कहते ही माता यशोदा का कंठ रुँध गया था। उसके हाथ की उँगलियाँ काँप उठी थीं। कृष्ण के कोमल गालों पर उन काँपती उँगलियों के कंपन ने जैसे एक रेखा खींच दी।

'माँ! तुम्हारे हाथ से परोसे गए माखन के बिना मुझसे भी कहाँ कौर निगला जाता है!' कृष्ण ने माता का हाथ पकड़कर आश्वासन दिया था।

'मथुरा में तुझे माखन कौन परोसेगा, पुत्र?' यशोदा के कपोल पर से अश्रु-बिंदु ढुलक पड़े थे।

'और जब तक तुम माखन नहीं परोसोगी तब तक मैं भोजन में माखन नहीं ले सकूँगा, माँ! तुम्हारे स्पर्श के बिना मेरे लिए माखन भी शिला जैसा कठोर हो जाएगा।'

माता यशोदा ने पुत्र कृष्ण को गले से लगा लिया था। मस्तक पर स्थित मोरपंख जैसे स्थिर हो गया था।

'शीघ्र वापस लौटना, वत्स! परमात्मा तुम्हारा कल्याण करे!' यशोदा ने पुत्र के गाल चूमकर सिर झुका दिया था।

इसके बाद कितने सारे वर्ष बीत गए!

मथुरा के यज्ञ में तो कृष्ण अक्षुण्ण रहे और यादव गणतंत्र पुनः स्थापित हो

गया; किंतु इसके बाद तो अनेक अप्रत्याशित घटनाएँ शीघ्रता से घटित होती गईं। तीव्र इच्छा के बावजूद कृष्ण गोकुल वापस नहीं लौट सके थे। जरासंध के आक्रमणों से मथुरा की रक्षा करने में कृष्ण ने अपना समग्र सामर्थ्य एवं समय समर्पित कर दिया, फिर तो अत्यंत विचित्र परिस्थिति में मथुरा त्यागकर सुदूर पश्चिम दिशा में नए निवास की खोज में चले जाना पड़ा था। ऐसी अप्रत्याशित घटनाएँ घटित होती रहीं और इन सब में कृष्ण अनायास ही मानो अधिक-से-अधिक प्रवृत्त होते गए थे। गोकुल जैसे दूर, अति दूर होता चला गया था।

जिस प्रकार द्वारका में माता देवकी प्रतीक्षारत होंगी उसी प्रकार गोकुल में माता यशोदा ने भी इस पुत्र की कैसी तीव्र प्रतीक्षा की होगी! दो-दो माताओं के पुत्र होने के बावजूद कृष्ण से माता की इतनी क्षुल्लक इच्छा भी क्यों पूर्ण नहीं हो सकी थी?

कृष्ण ने गहरी साँस ली। शीतल वायु में तमाल वृक्ष की यह सुगंध कहाँ से आ गई? सोमनाथ के इस समुद्र-तट पर तमाल वृक्ष कैसे हो सकते हैं? इस सुगंध पर तो गोकुल-वृंदावन का ही आधिपत्य रहा है। हिरण-कपिला के प्रवाह में चाहे गोमती के प्रवाह का कल-कल नाद सुनाई देता हो, परंतु तमाल वृक्ष के पत्तों की सुगंध कहाँ से आ गई? ऐसी सुगंध तो गोकुल से विदाई की रात्रि को जब…

'यह मार्ग देखा, कृष्ण?' गोकुल से मथुरा की ओर जा रहे मार्ग की ओर उँगली से इशारा करते हुए राधा ने कान में कहा था।

कृष्ण ने उस मार्ग की ओर देखा। समग्र मार्ग पर दोनों ओर बहुत सारे तमाल वृक्ष फैले हुए थे। किसी-किसी वृक्ष पर बैठे हुए मोर बीच-बीच में कूककर पंख फड़फड़ा देते थे। कहीं-कहीं वृक्ष के तने के नीचे आँखें झुकाकर बैठी हुई गायें रँभाती थीं।

'जब तक आप वापस नहीं लौटोगे तब तक मेरी दृष्टि इन तमाल वृक्षों की छाया के बीच ही फैली रहेगी।' राधा ने इतने स्वाभाविक रूप से कहा कि स्वयं कृष्ण को लगा—इस राधा को तो उन्होंने कभी देखा ही नहीं था।

'और मान लो, राधा! कुछ ऐसा हो जाए…' कृष्ण ने वैसे ही राधा के कान में कहा था।

राधा कुछ नहीं बोली थी। कृष्ण के होंठों पर उसने एक मोरपंख रख दिया था।

'होने या न होने का निर्णय महाकाल करेंगे, कृष्ण!' राधा ने कहा था, 'मेरे लिए तो महाकाल इसी क्षण थम गया है और जब तक आप वापस नहीं लौटोगे तब

तक वह ऐसे ही स्थगित होकर आपकी प्रतीक्षा करेगा।'

कृष्ण को लगा—शायद आज भी राधा अपनी दृष्टि मथुरा के मार्ग पर स्थिर करके तमाल वृक्षों की ओर ताक रही होगी। उस मार्ग से बहनेवाली वायु इस क्षण सोमनाथ के इस समुद्र-तट पर पहुँचकर कहीं मेरी साँस में तो प्रवेश नहीं कर रही! कृष्ण ने फिर गहरी साँस ली। देवकी...यशोदा एवं राधा...

अचानक कृष्ण के दाहिने पैर के तलवे में एक सनसनाहट भरा स्पर्श हुआ। कृष्ण ने पलकें बंद रखकर ही इस स्पर्श की अनुभूति की। उन्होंने आँखें नहीं खोली थीं। बंद आँखों के सामने इस समय गोकुल था, वृंदावन था, मथुरा थी, देवकी थी, यशोदा थी, राधा थी। बंद आँखों के इस विश्व को प्यार मानकर कृष्ण ने खुली आँखों से विश्व को नकारा था। दाहिने पैर के तलवे का सनसनाहट भरा यह स्पर्श भी उस एरक घास के समान वेदनाजन्य क्यों लगा होगा? कश्यप ऋषि द्वारा शापित सांब के पेट से प्रकटित मूसल जैसा तीव्र दंश देनेवाला एरक—

दाहिने पैर के तलवे से एक उष्ण प्रवाह निकलकर कृष्ण के बाएँ अंग पर टपकने लगा। इस पावन शैत्य के बीच अचानक यह उष्णता कहाँ से प्रकट हुई? कृष्ण ने आँखें खोलीं। आँखों से दाहिने पैर के तलवे की ओर देखते रहे। दाहिने पैर के नंगे तलवे में एक तीक्ष्ण तीर घुस गया था और उस जगह से बाएँ पैर पर उष्ण रक्त टपक रहा था। कृष्ण एकदम निरपेक्ष दृष्टि से उस तीर एवं रक्त के प्रवाह को देखते रहे। अब यहाँ गोकुल, मथुरा, वृंदावन, द्वारका कुछ नहीं था।

"ओह, यह मैंने क्या कर दिया! आप...आप...यहाँ?" अचानक एक काँपता, भयभीत स्वर वातावरण में उभरा। कृष्ण ने स्वर की दिशा में देखा। हाथ के तीर-कमान को कृष्ण के चरणों के पास पटकते हुए जरा पारधी अपने दोनों हाथ जोड़कर भूमि पर बैठ गया।

"मुझे क्षमा कीजिए, भगवंत।" जरा पारधी ने आक्रंद करते हुए कहा, "रात्रि के अंधकार में मैं आपको पहचान न सका। मैं मृग के शिकार की खोज में नदी तट पर भटक रहा था तब आपको कोई वनचर मृग समझकर मैंने तीर चला दिया। मुझसे घोर अपराध हुआ है, वासुदेव! मुझे दंड दीजिए...मैं दोषी हूँ।"

कृष्ण के होंठों पर स्मित प्रकट हुआ। वे दाहिने पैर के तलवे में घुस गए तीर को देखते रहे। तीर का यह तीक्ष्ण स्पर्श एरक घास जैसा ही तीक्ष्ण था, परंतु अब उसमें पीड़ा नहीं हो रही थी। रक्त का प्रवाह भूमि पर फैले हुए उत्तरीय तक फैल चुका था। दृष्टि के सामने पूर्व दिशा में फैल रही आभा थी। कृष्ण उस आभा की ओर देखते रहे। आभा में गहरे उतर गई दृष्टि ने एक क्षण में मानो अनंत यात्रा का

आरंभ कर दिया। आत्मा ने जैसे देह का निरोध किया हो वैसे एक अपूर्व योग-प्रकाश उनके चेहरे पर प्रकट हुआ।

"मुझे शाप दीजिए, प्रभु! मेरे इस पाप का दंड दीजिए। मैं पापी हूँ...मैंने...मैंने आपको कष्ट पहुँचाया है।..." जरा पारधी आँसुओं की झड़ी बाँधकर रोते-रोते कृष्ण के चरणों में लोट गया।

"शाप!" कृष्ण ने मंद उच्चारण किया। आत्मस्थ हो रही इंद्रियों ने जैसे अंतिम चमत्कार किया। उन्हें गांधारी का शाप याद आया, महर्षि कश्यप का शाप याद आया। उनके चेहरे का प्रकाश अधिक देदीप्यमान् हुआ। होंठों पर स्मित अधिक मुखरित हुआ।

"तुम तो शाप के फलीभूत होने का निमित्त ही बने हो, वत्स! मन पर कोई बोझ न रखना। शेष जीवन-कर्म संपन्न करने के पश्चात् तुम्हारी भी ऊर्ध्व गति हो, वत्स!"

कृष्ण का स्वर शनैः-शनैः मंद होता गया। दाहिने पैर में से बहती रक्त की धारा अब उनके शरीर के चारों ओर फैल गई थी। उन्होंने आँखें मूँद लीं। उनके चेहरे पर अपूर्व संतोष का भाव फैल गया। अश्वत्थ वृक्ष की शाखाओं में से छनकर आ रही पूर्व दिशा में प्रकटित आभा की मृदु किरणों ने कृष्ण की देह को स्पर्श किया। कृष्ण के चेहरे पर फैली हुई करुणापूर्ण स्मिति मुखरित हो उठी।

वर्षों पूर्व मथुरा के कारागार में रात्रि के गहन अंधकार में प्रकटित एक युग वैसे ही अंधकार को चीरकर समाप्त हो चुका था।

□□□